Das kleine
Handbuch
zur Bibel

AF166099

Das kleine
Handbuch
zur Bibel

INHALT

GESCHICHTE DER BIBEL 148

GLAUBENSWELT DER BIBEL 232

LEBEN UND BOTSCHAFT JESU .. 268

VORWORT/EINFÜHRUNG

Die Bibel ist ein besonderes Buch. In ihr erzählen tief bewegte und begeisterte Menschen aus vielen Jahrhunderten, was sie mit Gott erlebt haben. Ihre Geschichten und Berichte gaben und geben vielen Menschen bis heute Orientierung für ihr Leben. Für Christinnen und Christen in aller Welt ist dieses Buch die „Heilige Schrift". Wer ihre Geschichten auf sich wirken lässt, begegnet Männern und Frauen, in denen wir uns wiederfinden können: im Lachen und Weinen, im Lieben und Leiden, im Leben und Sterben und über den Tod hinaus. Die Bibel wird aber auch aus einem anderen Grund das „Buch der Bücher" genannt, denn in ihr finden wir einen reichen Schatz an Geschichten, den alle kennen sollten, die unsere Kunst und Kultur verstehen wollen.

Damit auch wir heutige Menschen die mehrere tausend Jahre alten Texte in ihrer ganzen Bedeutungsvielfalt verstehen können, bietet das kleine Handbuch zur Bibel Sachinformationen zu spannenden Daten und Fakten rund um die Welt der Bibel. Texte, Fotos und Illustrationen lassen die Zeit des Alten und Neuen Testaments und ihre Menschen lebendig werden. Die vielen Sacherklärungen bieten das gebündelte Wissen eines Bibellexikons. Im Register am Ende sind sie alphabetisch geordnet und können so leicht nachgeschlagen werden.

Die Bibel hat Künstler zu allen Zeiten zu einer Fülle von Werken angeregt. Gemälde, Skulpturen und andere Kunstwerke aus vielen Jahrhunderten geben einen Eindruck von der Bedeutung des Alten und Neuen Testaments bis in unsere Zeit hinein.
Zahlreiche Illustrationen lassen die Menschen der Bibel lebendig werden und nehmen die Leserinnen und Leser mit auf eine Zeitreise zu den großen Gestalten des Alten und Neuen Testaments.

Die Themenseiten stellen uns die Zeit und die Welt der Bibel vor Augen und beantworten viele Fragen: Wie haben die Menschen zur Zeit des Alten Testaments gelebt? Welche Feste feierten die Israeliten? Wo lebte Jesus Christus? Solche und viele andere interessante Themen werden in kompakten Einheiten verständlich und übersichtlich dargestellt und erklärt. Nicht nur kleine, sondern auch große Leser finden hier vielfältiges Hintergrundwissen für die eigene Bibellektüre und die Arbeit mit der Bibel in Schule oder Pfarrgemeinde.

Der Aufbau der Themenseiten ist klar und übersichtlich:

- ✠ Kurze Einstiegstexte führen in das Sachgebiet ein und liefern die wichtigsten Stichworte und Fakten.

- ✠ Kurze und verständliche Sachtexte bieten viele Informationen aus Theologie, Archäologie, Geschichte, Geografie und anderen interessanten Bereichen. Zusammengenommen ergeben sie ein wertvolles Nachschlagewerk zur Bibel, das durch das alphabetische Register auf S. 292-293 auch wie ein Lexikon verwendet werden kann.

- ✠ Sachzeichnungen lassen die Welt der Bibel lebendig werden und vermitteln einen Eindruck vom Leben zur Zeit des Alten und Neuen Testaments.

- ✠ Fotos zeigen die einzigartige Landschaft des Heiligen Landes und stimmen ein auf die Texte der Bibel. Außerdem sind in dieser Ausgabe eine Fülle von Abbildungen archäologischer Funde zusammengestellt, die zum Verständnis der Geschichten beitragen.

- ✠ Schaubilder machen Fakten zur Lebenswelt der Bibel in übersichtlicher und leicht verständlicher Form anschaulich.

✿ Karten geben einen Überblick über Palästina und
  seine Nachbarländer zu verschiedenen Zeiten
  und mit speziellem Blick auf wichtige Ereignisse,
  wie z. B. Reiserouten.

Dem Kleinen Handbuch zur Bibel liegen zugrunde das
Sachbuch „Die Bibel für Kinder erklärt" von Beatrix
Moos und außerdem „Das große Sachbuch zur Welt und
Umwelt der Bibel", herausgegeben von Christoph Dohmen,
beide erschienen im Verlag Katholisches Bibelwerk.

Karin Jeromin, im Januar 2014

WAS MAN ÜBER DIE BIBEL WISSEN SOLLTE

Die Bibel ist ein „Bestseller" auf dem Buchmarkt, und das schon seit vielen Jahrhunderten.

KOSTBARE HANDSCHRIFTEN

Bis zum 15. Jahrhundert gab es nur Bibeln, die von Hand auf kostbares Pergament geschrieben waren, reich mit Ornamenten verziert und kunstvoll bebildert. Oft arbeitete ein Mönch sein ganzes Leben an einer solchen Prachtausgabe der Bibel. Wen wundert es, dass diese dann ein Vermögen wert war. Nur Könige, Fürsten, Gelehrte, Bischöfe und Klöster waren die stolzen Besitzer einer solchen Bibel. Und auch für sie war die Bibel meist ihr einziges Buch. So wird verständlich, dass man früher die Bibel einfach „das Buch" nannte. Und auch in unserer Zeit spricht man vom „Buch der Bücher".

ÜCHER

❧ Die Bibel ist in weitaus mehr Sprachen übersetzt worden als irgendein anderes Buch. Sie wird weltweit gelesen und ist in allen Ländern der Erde zu finden.

Ein Mönch schreibt kunstvoll auf ein reich verziertes Blatt den Text der Bibel.

🌀 Die Bibel wird seit ungefähr zwei Jahrtausenden von vielen Menschen gelesen, auswendig gelernt, abgeschrieben, besprochen, verschieden erklärt, diskutiert.

🌀 Die Bibel ist die Heilige Schrift von Juden und Christen, sie wird aber auch als antikes Werk der Literatur von vielen Lesern geschätzt, die weder Juden noch Christen sind.
Als der Dichter Bert Brecht einmal nach seiner Lieblingslektüre gefragt wurde, antwortete er: „Sie werden lachen – die Bibel!"

DER BUCHDRUCK

Im Jahr 1456 erfand Johannes Gutenberg den Buchdruck mit beweglichen Druckbuchstaben. Jetzt mussten die Seiten nicht mühevoll in eine Holzplatte geschnitten werden, sondern konnten aus einzelnen Buchstabenstempeln, den so genannten „Lettern", schnell zusammengesetzt werden. Das erste Buch, das Gutenberg auf diese Weise druckte, war eine Bibel in Latein, der Sprache der Kirche, der Gelehrten und der Reichen.

Die Bibel hat seit jeher
steller, Komponisten, Regi
angeregt. Große Werke der
Unsere Bräuche, Lebens
ländische Kultur, verstehen
Wandmalereien und Skulp
der Bibel kennt, kann diese
ihnen freuen.

LUTHERS BIBELÜBERSETZUNG

Erst 1521 hat Martin Luther die vollstän-
dige Bibel ins Deutsche übersetzt. Ihm war
es wichtig, dass die Bibel nicht nur von den
Lateinkundigen, sondern von allen Menschen
gelesen und studiert werden kann. Bis dahin
waren die Leute auf die angewiesen, die ihnen
das eine oder andere aus der Bibel erzählten,
was oft reichlich mangelhaft und verquer war.
Luthers Bibelübersetzung konnte durch die
Erfindung des Buchdrucks rasch und weit
verbreitet werden.

Marc Chagall,
Noach und der
Regenbogen

Dichter und Denker, Maler und Bildhauer, Schrift-
steure und Künstler aller Art zu bedeutenden Werken
Weltliteratur sind voller biblischer Anspielungen.
gewohnheiten, Wertvorstellungen, kurz unsere abend-
wir nur, wenn wir die Bibel kennen. Glasfenster,
turen bilden biblische Themen ab. Wer die Geschichten
Kunstwerke viel besser verstehen und sich an

❦ Unsere Alltagssprache ist voll von Redewendungen aus der Bibel: Da spuckt jemand „Gift und Galle" (Deuteronomium 32,33) oder „kommt auf keinen grünen Zweig" (Ijob 15,32), „geht von Pontius zu Pilatus" (Lukas 23), ist ein „Wolf im Schafspelz" (Matthäus 7,15), verursacht ein richtiges „Tohuwabohu" (Genesis 1,2) oder ist mit anderen „ein Herz und eine Seele" (Apostelgeschichte 4,32).

WOHER KOMMT DAS WORT „BIBEL"?

Der Name „Bibel" kommt in der Bibel selbst kein einziges Mal vor. Seinen Ursprung hat dieser Name von Byblos, einer der bedeutendsten Hafenstädte des Altertums – heute Jbail an der libanesischen Küste. Diese Stadt war der wichtigste Handelsplatz für Papyrus. Im Hafen von Byblos wurde kostbares Zedernholz aus dem Libanon gegen Papyrus aus Ägypten getauscht. Papyrus hieß damals auf griechisch „Byblon". Ein Buch bestand zumeist aus Papyrus und hieß auf griechisch „Byblion". Die Bibel wurde deshalb „Biblia" – also „Bücher" – genannt.

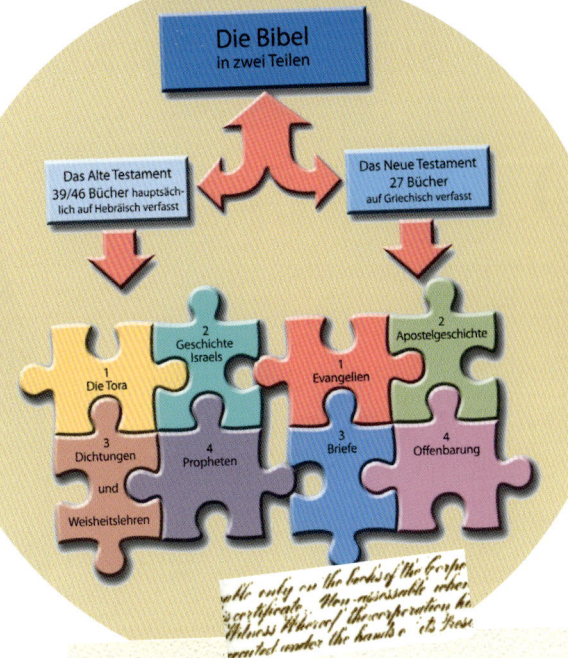

Die Bibel
in zwei Teilen

Das Alte Testament
39/46 Bücher hauptsäch-
lich auf Hebräisch verfasst

Das Neue Testament
27 Bücher
auf Griechisch verfasst

2
Geschichte
Israels

1
Die Tora

2
Apostelgeschichte

1
Evangelien

3
Dichtungen

und

Weisheitslehren

4
Propheten

3
Briefe

4
Offenbarung

DIE BIBEL – EINE BIBLIOTHEK

Die Bibel ist im Grunde genommen kein einzelnes Buch, sondern eine ganze Bibliothek, eine Sammlung von 73 ganz unterschiedlichen Büchern. Dort finden wir Sagen, Erzählungen, Liebeslieder, Listen, Regeln für das Zusammenleben, Gesetze, Sprichwörter, Gedichte, Klage- und Jubelgesänge, Gebete, Spottlieder, Traumbilder, Weissagungen, Briefe und vieles mehr. Manche Schriften sind für uns heute schwer verständlich, manche interessant und spannend. Der erste Teil dieser Bibliothek, das so genannte „Alte Testament", wurde vorwiegend in hebräischer Sprache verfasst; der zweite Teil, auch „Neues Testament" genannt, in griechischer. Deshalb spricht man auch von der ersten oder hebräischen Bibel und von der zweiten oder griechischen Bibel.

WIE DIE BIBEL ENTSTAND

Die Geschichten in der hebräischen Bibel sind viel älter als die Bücher, in denen sie aufgeschrieben sind. Woher kommt das? Das liegt daran, dass die meisten von ihnen jahrhundertelang einfach weitererzählt worden sind, ehe sie schließlich aufgeschrieben wurden. In den Zeiten ohne Radio, Zeitung, Fernsehen haben die Menschen viel mehr miteinander gesprochen und einander Geschichten erzählt. So haben sie abends an den Feuerstellen und Herdstätten ihre Erlebnisse und Gedanken ausgetauscht.

Beduinen kochen Kaffee in einem Zelt.

MÜNDLICHE ÜBERLIEFERUNG

Die Kinder lernten von den Erwachsenen durch das enge Zusammenleben und das ständige Wiederholen die geltenden Lebensregeln. Bei Festen und Gottesdiensten prägten sie sich Reime, Gedichte, Lieder und Gebete ihres Volkes ein und die Geschichten, die ihnen immer wieder erzählt wurden. Jede Generation gab all dieses Erzählgut, all ihre Erinnerungen nur mündlich an die nächste weiter. Das nennt man „mündliche Überlieferung".

🌀 Junge Menschen erfuhren alles, was für sie wichtig war, in den Großfamilien – auch Sippen genannt. Schulen gab es damals noch nicht. Die Kinder, wie alle Kinder in der Welt, wollten vieles wissen: „Warum feiern wir jedes Jahr dieses Fest? – Wer waren unsere Stammeltern? – Woher hat unser Brunnen seinen Namen?" Diese und

Die Mescha-Stele. Dieser Gedenkstein wurde 1868 östlich des Toten Meeres von einem elsässischen Missionar entdeckt. Die Stele ist das älteste Denkmal einer mit dem Hebräischen nahe verwandten Sprache und Schrift. Ihre Inschrift ist in Moabitisch verfasst und bezieht sich auf Sachverhalte, die im Alten Testament erwähnt werden. In der Inschrift rühmt sich der Moabiterkönig Mescha, dass er sich nach dem Tod von König Ahab aus dem Hause Omri (1 Könige 22) aus der Tributpflicht vom Nordreich Israel befreien konnte.

ähnliche Fragen wurden meist mit einer Geschichte beantwortet. Bis heute gibt es im Orient Geschichtenerzähler, denen Jung und Alt aufmerksam zuhört.

❀ Lesen und Schreiben war damals noch eine ganz neue Erfindung. Als Schreibmaterial dienten damals Steinplatten, in die die Worte mit einem Meißel eingehauen werden mussten. Das war mühevoll und langwierig. Deshalb wurden nur ganz wichtige Dokumente aufgeschrieben: Inschriften, Verträge, Rechnungen.

❀ Kurze Notizen wurden auch in weichen Ton gedrückt

Tontäfelchen

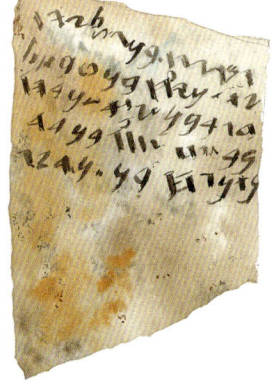

oder auf Tonscherben mit einer Art Tinte aus Ruß und Öl geschrieben.

Tonscherbe

23

Papyrusstaude

✺ Israel war ca. 1000 v. Chr. ein Staat geworden mit Königen, Priestern, Beamten, Rechtsgelehrten und immer mehr Schriftkundigen. Die Könige wollten ihre Taten, die Ereignisse unter ihrer Herrschaft, die

PAPYRUS

In dieser Zeit hatte man ein geeignetes handliches Schreibmaterial zur Verfügung: Papyrus. Die Papyrusstaude ist eine bis zu 4 m hohe Schilfpflanze, die in den Sumpfgebieten entlang des Nils wächst – früher reichlich, heute nur noch selten.

Die alten Ägypter hatten gelernt, aus dem Mark dieser Schilfrohre Schreibblätter zu gewinnen. Sie waren die Vorläufer unseres Papiers, das seinen Namen von dieser Pflanze bekam. Diese Blätter wurden zusammengeklebt und zu langen Schriftrollen aufgerollt. Leider ist Papyrus kein haltbares Material, es zerfällt schon nach relativ kurzer Zeit. Von den ursprünglichen Handschriften der Bibel ist deshalb keine mehr erhalten, nur Abschriften hat man gefunden.

Geschichte ihres Volkes
für die Nachwelt fest-
halten. Aufgeschrie-
bene Worte hatten
eben mehr Gewicht
als gesprochene; sie
waren genauer, konnten
kopiert und über Jahr-
hunderte hin unverändert
weitergegeben werden.
Lebensregeln und Gesetze wurden
also gesammelt und aufgeschrieben.
Die Priester brauchten feste
Gottesdienstordnungen,
Lieder und Gebete.
Die Reden der Propheten
wurden von deren Schülern
schriftlich verbreitet.

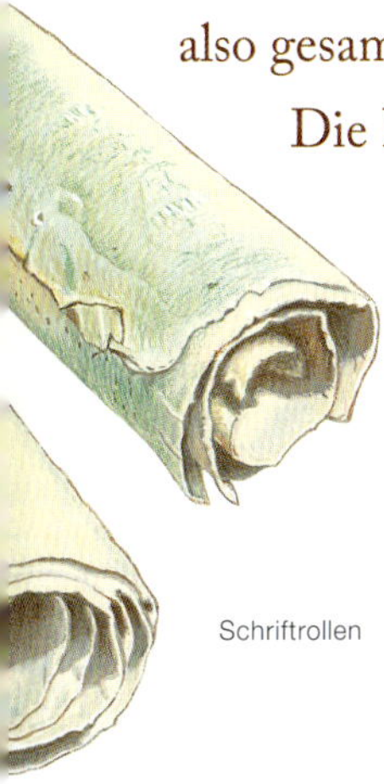

Zwei Ägypter
klopfen kreuz
und quer gelegte
Papyrusstreifen
zu einem Schreib-
blatt.

Schriftrollen

Hieroglyphen auf einer
ägyptischen Papyrusmalerei

🌣 Die ältesten Handschriften
der Bibel wurden seit 1947 in den
Höhlen bei Qumran am Toten
Meer gefunden. Die Schriftrollen
aus Papyrus, Pergament und
Kupferblech waren in Tonkrügen
versteckt. Besonders berühmt
ist der Fund der Jesajarolle,
die fast ganz erhalten ist.

Ausschnitt des Habakukkommentars aus dem 1. Jh. v. Chr. Er wurde 1947 in den Höhlen von Qumran am Toten Meer entdeckt – zusammen mit zahlreichen anderen biblischen und liturgischen Schriften.

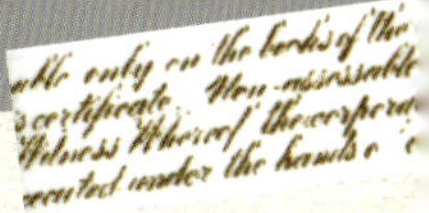

PERGAMENT

Viel dauerhafter – aber auch sehr viel teurer – als Papyrus ist das Pergament. Es wird seit dem 2. Jahrhundert v. Chr. aus Häuten von Schafen, Ziegen, Antilopen und Kälbern hergestellt, die getrocknet, geschabt, gesäubert, gespannt und flach geklopft werden. Pergament war früher so kostbar, dass es oft zweimal benutzt wurde. Man radierte die alte Schrift aus, glättete das Blatt wieder und beschriftete es neu. Heute können Wissenschaftler die ausradierte Schrift wieder lesbar machen und dadurch viel von alten Zeiten erfahren.

Krug und Schriftrolle

🌿 Die Gegend, in der vor Tausenden von Jahren die Bibel entstand, wird heute „Naher Osten" genannt. In diesem Gebiet wechselten über Jahrhunderte hin mehrmals die Sprachen, in denen die Menschen redeten und schrieben. So ist auch die ganze Bibel nicht in einer, sondern in drei unterschiedlichen Sprachen verfasst worden.

Wachstafel

Phönizisches Alphabet	Hebräisches Alphabet
...leph	א ʾĀlĕph
...eth	ב Bêth
...imel	ג Gîmĕl (Giml)
...aleth	ד Dālĕth
...le	ה Hē
...aw	ו Wāw (Wāu)
Zajin	ז Zájĭn
...het	ח Chêth
Tet	ט Ṭêth
Jod	י Jôd
Kaph	כ am Ende ך Kaph
Lamed	ל Lāmĕd
Mem	מ am Ende ם Mêm
Nun	נ am Ende ן Nûn
Samech	ס Sāmĕkh
Ajin	ע ʿÁjĭn
Pe	פ am Ende ף Pê
Sade	צ am Ende ץ Ṣādê
Qoph	ק Qôf
Resch	ר Rêš
S(ch)in	שׁ Sîn
Taw	שׁ Šîn [3]
	ת Tāw (Tāu)

בראשית *Genesis*

So sieht die erste Seite der
hebräischen Bibel aus.

1 ‏בְּרֵאשִׁית בָּרָא אֱלֹהִים אֵת הַשָּׁמַיִם וְאֵת הָאָרֶץ:

‏וְהָאָרֶץ הָיְתָה תֹהוּ וָבֹהוּ וְחֹשֶׁךְ עַל־פְּנֵי תְהוֹם וְרוּחַ
אֱלֹהִים מְרַחֶפֶת עַל־פְּנֵי הַמָּיִם:

‏וַיֹּאמֶר אֱלֹהִים יְהִי אוֹר וַיְהִי־אוֹר:

‏וַיַּרְא אֱלֹהִים אֶת־הָאוֹר כִּי־טוֹב וַיַּבְדֵּל אֱלֹהִים בֵּין הָאוֹר וּבֵין
הַחֹשֶׁךְ:

‏וַיִּקְרָא אֱלֹהִים| לָאוֹר יוֹם וְלַחֹשֶׁךְ קָרָא לָיְלָה וַיְהִי־עֶרֶב
וַיְהִי בֹקֶר יוֹם אֶחָד: פ

‏וַיֹּאמֶר אֱלֹהִים יְהִי רָקִיעַ בְּתוֹךְ הַמָּיִם וִיהִי מַבְדִּיל בֵּין
מַיִם לָמָיִם: וַיַּעַשׂ אֱלֹהִים אֶת־הָרָקִיעַ וַיַּבְדֵּל בֵּין הַמַּיִם אֲשֶׁר מִתַּחַת

HEBRÄISCH

Der größte Teil des Alten Testamentes ist ursprünglich hebräisch geschrieben. Hebräisch war die Sprache Kanaans und wurde im Volk Israel ungefähr bis ins 5. Jh. v. Chr. gesprochen. Auch die Sprache des heutigen Staates Israel ist wieder Hebräisch. Dieses Neuhebräisch wird „Ivrit" genannt. Die alte Sprache wurde etwas verändert, angepasst und um Begriffe erweitert, die in der modernen Zeit notwendig geworden sind.

Die Schreiber der Bibel verwendeten das älteste uns bekannte Alphabet, das vom Seefahrervolk der Phönizier vor 4000 Jahren in Kanaan erfunden wurde. Bis dahin gestaltete man jedes Wort mit einem einfachen Bild, wie es z. B. bei den alten Ägyptern üblich war.

So braucht man sich nicht mehr Hunderte von Wortbildern zu merken, sondern nur noch 22 Zeichen für die einzelnen Laute der Sprache. Diese Zeichen wurden nach und nach vereinfacht und gut schreibbar gemacht. Aus der altphönizischen Schrift entstand dann die hebräische Quadratschrift, bei der jeder Buchstabe in ein Quadrat passt. Diese Schrift unterscheidet sich in vielem von unserer Schrift. So hat sie beispielsweise nur Konsonanten, keine Vokale – die müssen beim Lesen ergänzt werden.

Hebräisch wird nicht wie die meisten Schriften von links nach rechts, sondern von rechts nach links geschrieben. Deshalb ist die erste Seite der hebräischen Bibel an der Stelle unserer letzten Buchseite.

ARAMÄISCH

Bald nach der Zerstörung Jerusalems durch die Babylonier wurde fast nur noch im Gottesdienst hebräisch gelesen, gesungen und gebetet. Die neue Umgangssprache wurde das Aramäische, die Reichssprache der Perser, die 200 Jahre lang den Nahen und Mittleren Osten beherrschten. Aramäisch ist dem Hebräischen sehr ähnlich. Auch Jesus, seine Jünger und Jüngerinnen haben aramäisch gesprochen. Einige wenige biblische Texte (in den Büchern Daniel und Esra) sind in aramäischer Sprache geschrieben worden.

A	α	Alpha
B	β	Bēta
Γ	γ	Gamma
Δ	δ	Delta
E	ε	Epsilon
Z	ζ	Zēta
H	η	Ēta
Θ	ϑ	Thēta
I	ι	Iōta
K	$\varkappa$	Kappa
Λ	λ	La(m)bda
M	μ	Mȳ
N	ν	Nȳ
Ξ	ξ	Xi
O	o	Omikron
Π	π	Pi
P	ϱ	Rhō
Σ	σ, ς	Sigma
T	τ	Tau
Y	υ	Ypsilon
Φ	φ	Phi
X	χ	Chī
Ψ	ψ	Psī
Ω	ω	Ōmēga

GRIECHISCH

Das griechische Alphabet mit seinen 24 Buchstaben hat als Erstes auch Zeichen für Vokale. Manche Buchstaben sind uns vertraut, einige werden anders ausgesprochen, als wir es gewohnt sind, z. B. X und P. Dies sind die griechischen Anfangsbuchstaben von „Christus". Das X wird wie ein CH gesprochen und das P wie ein R. Ab dem 3. Jh. v. Chr. wurde Griechisch die neue Weltsprache. Vor allem in den Städten verbreitete sich die griechische Kultur.

Auch das ganze Neue Testament ist griechisch geschrieben worden, damit die Frohe Botschaft auf der ganzen damals bekannten Welt verstanden werden konnte. So wurden die Worte, die Jesus aramäisch gesprochen hat, ins Griechische übersetzt.

31

DIE SEPTUAGINTA

    Für die Juden in der Diaspora – also diejenigen, die nicht in Palästina lebten – musste damals die hebräische Bibel übersetzt werden in ihre griechische Umgangssprache, die so genannte „Koine" (griechisch „Gemeinsame"). Diese griechische Bibelübersetzung nennt man „Septuaginta". Dieses Wort ist lateinisch und bedeutet „Siebzig".

    Nach einer alten Legende sollen 70 Weise aus Jerusalem in 70 Tagen die jüdische Bibel im Auftrag des Königs von Ägypten übersetzt haben. Die ersten Christen haben zumeist die Septuaginta als ihre Heilige Schrift benützt. Zur Septuaginta gehören auch zwei Bücher in griechischer Sprache, die nicht in die jüdische Bibel aufgenommen wurden.

οὗ ᵒ[οὐ] δυνησόμεθα ἀποδοῦναι λόγον ᵒ¹περὶ τῆς συ-
στροφῆς ταύτης. καὶ ταῦτα εἰπὼν ἀπέλυσεν τὴν ἐκ-
κλησίαν.

20 Μετὰ δὲ τὸ παύσασθαι τὸν θόρυβον ⌜μεταπεμψά-
μενος ὁ Παῦλος τοὺς μαθητὰς καὶ ᶠπαρακαλέσας,

7 Ἐν δὲ τῇ μιᾷ τῶν σαββάτων συνηγμένων ἡμῶν κλά-
σαι ἄρτον, ὁ Παῦλος διελέγετο αὐτοῖς μέλλων ἐξιέναι
τῇ ἐπαύριον, παρέτεινέν τε τὸν λόγον μέχρι μεσονυκτίου.

Apostelgeschichte 20,7 in griechischer Sprache

Ledergebundene Abschrift
der Vulgata, der seit
dem 4. Jh. n. Chr. ge-
bräuchlichen lateini-
schen Bibelübersetzung

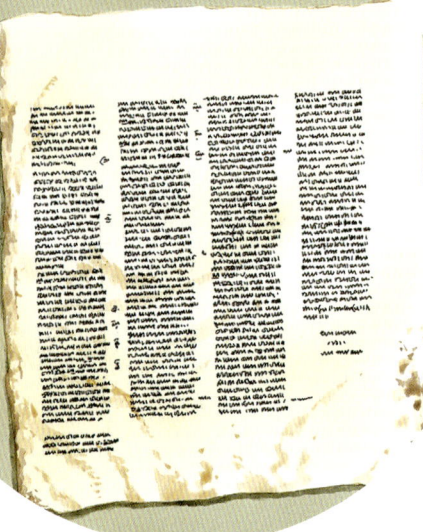

Eine Seite aus dem Codex sinaiticus, einer Pergamenthandschrift aus der Mitte des 4. Jahrhunderts n. Chr. Er enthält einen Großteil des Alten Testaments und das ganze Neue Testament in griechischer Sprache.

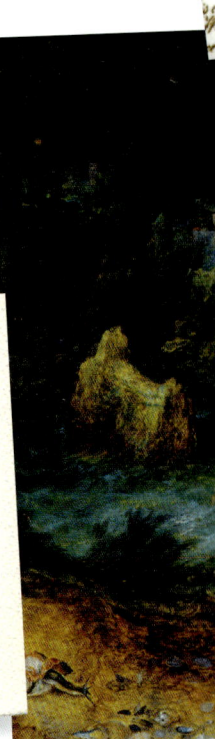

ÜBERSETZUNGEN

Nur wenige Gelehrte konnten und können die Bibel in den Sprachen lesen, in denen sie geschrieben wurden. Darum brauchen wir heute Übersetzungen. Das Übersetzen so vieler verschiedener biblischer Bücher ist keine leichte Aufgabe, denn oft kann ein Wort, ein Satz unterschiedlich in eine moderne Sprache übertragen werden. Deshalb können sich auch die einzelnen Übersetzungen voneinander unterscheiden. In diesem Buch ist der Bibeltext in der so genannten „Einheitsübersetzung" abgedruckt.

Wer nicht lesen kann,
erfährt auch in Bildern,
Glasfenstern und Gemälden
einiges über die Bibel.

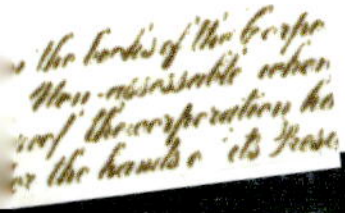

Jan Brueghel d. Ä.,1568–1625, Jona entsteigt dem Walfisch,
München, Alte Pinakothek.

DIE BIBEL VERSTEHEN

❀ Wer eine spannende Geschichte lesen will, holt sicher nicht das Telefonbuch aus der Schublade. Jedes Buch hat seinen bestimmten Zweck: Es informiert, bringt uns zum Lachen oder zum Nachdenken, es bietet spannende Geschichten oder Listen zum Nachschauen. Das Besondere an der Bibel ist, dass wir all das in ihr finden können. Denn die Bibel ist nicht ein Buch, sondern eine ganze Sammlung von Büchern.

❀ Manche missverstehen die Bibel als Tatsachenbericht. Sie meinen dann zu Recht, dass alles, was da geschrieben steht, „unglaublich" ist.

Meister Bertram (1340–1414/15), Schaffung von Himmel und Sterne (rechts),
Scheidung des Wassers (links), Altar von St. Petri, Hamburg, Hamburger Kunsthalle

So zum Beispiel, dass die Welt in sechs Werk-
tagen entstanden sei, dass sich die Sonne
um die Erde drehe, dass die Pflanzen vor der
Sonne erschaffen seien oder dass ein Fisch
einen Mann unversehrt verschlucken, in seinem
Bauch beherbergen und nach drei Tagen
wieder ausspucken könne.

❦ Wer mit falschen Vorstellungen die Bibel liest, versteht nur wenig von dem, was wir alles in ihr entdecken können. Die Bibel ist kein Erdkundebuch, kein Biologiebuch, kein Physikbuch, kein Geschichtsbuch. Und deshalb erübrigt sich auch mancher Streit zwischen Bibel und Wissenschaft. Selbst viele Gebote und Verbote, die in der Bibel stehen, gelten nicht mehr für uns heute. Aber wir erfahren, wie Menschen in einer bestimmten Zeit und einer bestimmten Lebensgemeinschaft ihr Zusammenleben gestaltet haben.

❦ In der Bibel geht es um Fragen, die die Menschen schon vor Tausenden von Jahren bewegt haben und die uns heute immer noch bewegen: Was ist der Sinn und das Ziel des Lebens und der Welt? – Warum gibt es Werden und Vergehen, Geburt und Tod? – Wer teilt mit mir Freude und Leid? – Was ist Recht und was ist Unrecht? – Wie passen Selbstliebe und Nächstenliebe zusammen? – Warum erleben wir uns manchmal mächtig und dann wieder ohnmächtig? – Wie kann sich Angst in Vertrauen verwandeln? – Warum schwanke ich zwischen Glauben und Zweifel? – Wie gehe ich mit Hoffnungen und wie mit Enttäuschungen um?

✡ Die Bibel wird auch Glaubensbuch genannt, denn die Menschen, die dort ihre Erfahrungen niedergeschrieben haben, haben geglaubt und darauf vertraut, dass die Kraft Gottes in ihnen lebt und ihnen Antworten auf ihre Fragen gibt.

DAS ALTE TESTAMENT

Der erste Teil der christlichen Bibel, die hebräische Bibel, nennt man auch „Altes Testament". Dieser Name wird oft falsch verstanden. Testament bedeutet hier Vertrag, Versprechen, Bund. Die Bibel spricht oft vom Bund Gottes mit den Menschen. Damit ist das Versprechen gemeint, das Gott den Menschen immer wieder gibt: Ich bin bei euch, ich werde bei euch sein, was auch geschieht. Alt heißt nicht etwa veraltet oder

Für gläubige Juden ist es sehr wichtig, die Heiligen Schriften der Bibel selbst lesen zu können und über sie zu diskutieren.

überholt. Die Christen nennen das erste, das ältere Buch der Bibel so, um es vom zweiten, dem jüngeren Buch, dem Neuen Testament, zu unterscheiden. Das Alte Testament war für Jesus, für seine Jünger und Jüngerinnen, für die frühe Kirche die einzige Heilige Schrift, die ganze Bibel. Auf ihm baut ja das Neue Testament auf mit seinen Vorstellungen, Bildern und Worten. Ohne das Erste, das Alte Testament, ist das Zweite, das Neue Testament, nicht zu verstehen.

Die hebräische Bibel (das Alte Testament), wie wir sie heute kennen, ist eine Sammlung von Erzählgut und Texten. Diese sind an verschiedenen Orten, zu verschiedenen Zeiten, durch verschiedene Gruppen, zu verschiedenen Anlässen entstanden und wurden überliefert, das heißt weitererzählt und weitergegeben.

Jüdischer Schreiber

DIE REDAKTION: HEILIGE TEXTE SAMMELN

Ab dem 6. Jahrhundert v. Chr. wohnte nicht mehr das ganze Volk Israel in Palästina wie in der Königszeit. Jerusalem war zerstört worden. Viele Juden lebten jetzt in verschiedenen Ländern in der „Diaspora", das heißt in der „Zerstreuung". Trotzdem fühlten sie sich alle zum einen Volk Gottes gehörig. Eine gemeinsame Heilige Schrift, die alle in die verschiedenen Gegenden und Länder „Zerstreuten" miteinander verbinden konnte, erwachte als tiefer Wunsch. So wurden von überall her die „zerstreuten" Texte gesammelt. Sie wurden zusammengefasst, überarbeitet, teilweise auch neu geschrieben, so wie sie die Menschen dieser Zeit brauchten. Und da es weder Internet noch Telefon noch schnelle Verkehrsverbindungen gab, dauerte das natürlich sehr lange. Viele Generationen von Priestern, Schreibern und Schriftgelehrten arbeiteten an diesem Vorhaben, an der so genannten „Redaktion", wie die Fachleute sagen, also am Entstehungsprozess der hebräischen Bibel.

Tora-Rolle. Mit zwei Griffen konnte man beim Lesen die eine Seite auf- und die andere abrollen.

DIE JÜDISCHE BIBEL

Nicht alle gefundenen und verfügbaren Texte wurden in die Sammlung der jüdischen Bibel aufgenommen. Die Liste der Bücher, die als Heilige Schriften anerkannt wurden, nennt man „Kanon". Die „Redakteure" wählten nur jene Texte aus, die ihnen für ihre Glaubensgemeinschaft wichtig erschienen. Der jüdische Kanon umfasst drei Teile und wurde in drei Etappen abgeschlossen:

1. Die Tora (Weisungen)   – ca. 400 v. Chr.

2. Die Propheten   – ca. 200 v. Chr.

3. Die Schriften   – um die Zeitenwende

🌱 39 Bücher sind es nach jüdischer und protestantischer Zählung. Die katholische Bibel umfasst noch sieben zusätzliche Bücher, die als „deuterokanonisch" bezeichnet werden.

Anders als in den Heiligen Schriften des Judentums werden die Bücher des Alten Testa-

STAMENT?

ments in der katholischen wie der protestantischen Bibel heute in vier Gruppen
eingeteilt.

1. DIE FÜNF BÜCHER DES MOSE

Sie erzählen die Geschichte, wie alles auf dieser Welt anfängt und
wie Gott das Volk Israel aufzubauen beginnt. Am Berg Sinai übergibt Gott
diesem Volk, das er auserwählt hat, seine Weisungen (hebräisch „Tora")
als Hilfe und Ansporn. In der griechischen Übersetzung der jüdischen Bibel
wird dieser Teil „Pentateuch" – also Fünfrollenbuch – genannt.

Beim Gebet bedecken Erwachsene und Jugendliche Kopf und Schultern mit einem besonderen Schal, dem Tallit. Am Arm und an der Stirn befestigen sie Riemen mit einem kleinen Kästchen, Tefillin genannt. Es enthält ein Bibelwort aus dem Buch Deuteronomium 6,4-9 und 11,13-21.

2. DIE BÜCHER DER GESCHICHTE DES VOLKES GOTTES

Sie berichten, wie die Israeliten in ihr „Gelobtes Land" gelangen. Das Vorbild Israels zeigt, wie es einer Gemeinschaft ergeht, die nach Gottes Geboten lebt, aber auch, welche Folgen es hat, Gottes Weisungen zu missachten. Trotzdem bleibt Gott bei seinem einmal gegebenen Versprechen und ermöglicht seinem Volk immer wieder einen Neubeginn.

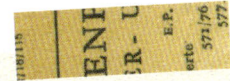

Das Wort Gottes ist
jüdischen Gläubigen
so heilig, dass sie es
im Gottesdienst nicht
mit bloßen Fingern,
sondern nur mit einem
Stab, der Jad (hebrä-
isch für Hand), berühren.

3. DIE BÜCHER DER LEHRWEISHEIT

Sie wollen dazu ein-
laden, im Hören auf die
Weisungen Gottes, durch
Beten und Nachdenken
über Gottes Wort die wahre
Weisheit zu finden.

4. DIE BÜCHER DER PROPHETEN

Sie enthalten die Ermahnungen der Propheten an das Volk Gottes,
seinem Auftrag gerecht zu werden. Sie verbreiten aber auch die Botschaft
der Hoffnung, vor allem die Botschaft vom Kommen des Messias,
des Friedenskönigs, den Gott einst dem Volk Israel schicken wird, um es
zu befreien und ihm Frieden zu schenken.

DAS NEUE TESTAMENT

WAS IST DAS NEUE TESTAME

Den zweiten Teil der christlichen Bibel, die griechisch geschriebene Bibel, nennt man auch Neues Testament. Manche Leute missverstehen den Namen „Neues Testament" und meinen, das Neue würde das Alte ersetzen. Aber das trifft ganz und gar nicht zu, denn das Neue Testament baut auf dem Alten auf wie eine Fortsetzung. Für Jesus und all die Menschen, die im Neuen Testament zu Wort kommen, war das Alte Testament die einzige Heilige Schrift. „Neu" ist an diesem zweiten Testament, dass der Neue Bund, von dem schon im Buch Jeremia die Rede ist (Jeremia 31,31-34), nicht nur Israel versprochen wird, sondern – durch Jesus Christus – allen Menschen.
Im Mittelpunkt des Neuen Testaments steht Jesus Christus und die Gute Nachricht, die er verkündet.

Die vier Evangelisten, Karolingischer Buchmaler um 820, Miniatur auf Pergament, Aachener Dom, Schatzkammer

Matthäus

Markus

Lukas

Johannes

Apostelgeschicht

DIE EVANGELIEN

Jesus hat, wo immer er war, von der grenzenlosen Liebe Gottes gesprochen. Für alle Menschen war und ist das eine wirklich „Gute Nachricht". Jesus selbst hat aber nichts aufgeschrieben. Deshalb haben wir auch keinen „Originalton" Jesu. Seine Botschaft ist erstaunlicherweise nicht vergessen worden, obwohl er jung am Kreuz sterben musste. – Im Gegenteil: Seine Jüngerinnen und Jünger haben gespürt, dass Jesus lebendig bei ihnen ist. In diesem Osterglauben haben sie überall in der damals bekannten Welt die Worte Jesu und seine Taten erzählt. Auch sie haben in den ersten Jahrzehnten nichts aufgeschrieben.

Um das Jahr 70 hat dann ein unbekannter griechisch sprechender Christ, der Jesus nicht mehr persönlich gekannt hat, mündliche und schriftliche Überlieferungen über Jesus gesammelt. Er hat dann eine fortlaufende Erzählung über das Wirken und die Botschaft Jesu verfasst, das so genannte Markusevangelium („euangelion" ist ein griechisches Wort und bedeutet: Gute Nachricht oder Frohe Botschaft). Ungefähr 10–20 Jahre später sind die Evangelien nach Matthäus und nach Lukas entstanden. Das Johannesevangelium wurde erst um 100 fertiggestellt.

DIE APOSTELGESCHICHTE

Die Apostelgeschichte stammt vom gleichen Autor wie das Lukasevangelium. In diesem Buch zeigt er, wie sich die Botschaft von Jesus Christus ausbreitet. Von Jerusalem und Judäa über Samarien, Syrien, Kleinasien und Griechenland dringt sie vor bis nach Rom – also bis zum Zentrum der antiken Welt.

2 Korinther · Galater · Epheser · Philipper · Kolosser · 1 Thessalonicher · 2 Thessalonicher · 1 Timotheus · 2 Timotheus · Titus · Philemon · Hebräer · Jakobus · 1 Petrus · 2 Petrus · 1 Johannes · 2 Johannes · 3 Johannes · Judas · Offenbarung

DIE BRIEFE

Die ältesten Teile des Neuen Testaments sind aber nicht die Evangelien oder die Apostelgeschichte, sondern die Briefe des Apostel Paulus an verschiedene Gemeinden. Den Christinnen und Christen dort waren die Gedanken und Botschaften des Paulus so wichtig, dass sie die Briefe gut aufbewahrt haben und sie auch weitergaben an andere christliche Gemeinden. Auf diese Weise sind diese schriftlichen Dokumente ins Neue Testament aufgenommen worden, sodass wir sie heute noch lesen können. Auch Schüler von Paulus und andere frühe christliche Missionare haben Briefe hinterlassen. In ihnen erfahren wir viel über das Leben der ersten christlichen Gemeinden.

DIE OFFENBARUNG

Das letzte Buch der Bibel ist die Offenbarung des Johannes, eine Schrift voller Traumbilder und Visionen. Es wird auch das prophetische Buch des Neuen Testaments genannt, weil es sich auf Worte der Propheten im Alten Testament bezieht, vor allem auf das Buch Daniel. Die Offenbarung will die bedrängte und verfolgte christliche Gemeinde zum Durchhalten und zur Treue ermutigen.

Die längste Zeit in der Menschheitsgeschichte gab es kein Telefon, kein Radio, kein Fernsehen. Dennoch haben die Leute Neuigkeiten erfahren. Die Herrscher schickten Boten durch die Lande, die überall ausriefen: „Euangelion! Gute Nachricht! Kommt und hört!" Dann kamen alle herbei und hörten zu. Auch die Jünger und Jüngerinnen von Jesus hatten eine wirklich gute Nachricht für die Menschen. Sie verkündeten: „Hört das Evangelium, das wir euch bringen! Jesus von Nazaret hat uns gezeigt: Das Reich Gottes, Gottes Liebe, Gottes gerechte Welt gibt es wirklich – und sogar schon mitten unter uns. Glaubt an diese gute Nachricht! Jesus ist zwar am Kreuz

Zur Zeit des Neuen Testaments waren die Menschen auf mündliche Nachrichten angewiesen.

gestorben. Aber wir haben gemerkt, dass er durch seinen Geist lebendig bei uns ist. Er ist der, auf den ihr gewartet habt."

WAS IST EIN EVANGELIUM?

Markus greift den Begriff „Evangelium" auf und stellt ihn an den Anfang seines Buches: „Anfang des Evangeliums von Jesus Christus, dem Sohn Gottes" (Markus 1,1). Er erfindet damit eine neue Art von Büchern, eine neue Literaturgattung. Evangelien sind keine Geschichtsbücher oder Lebensbeschreibungen, sondern Glaubenserfahrungen, die auch andere zum Glauben an Jesus Christus ermutigen wollen.

Alle vier Evangelien erzählen, dass Jesus eine Zeit beim Bußprediger Johannes dem Täufer verbringt und sich von ihm taufen lässt. Sie berichten, wie Jesus beginnt, in Galiläa von Ort zu Ort zu wandern, um den Menschen die gute Nachricht von Gottes Liebe und seinem Reich zu bringen und wie er seinen Zuhörern die Heilige Schrift und ihre Weisungen zum Leben auslegt. Wir erfahren von ihnen, wie er Kranke heilt und wie er sich denen zuwendet, die abgelehnt, verachtet und ausgestoßen sind.

Die Evangelien schildern, wie er Jünger und Jüngerinnen zu sich ruft. Sie erzählen, dass Jesus angefeindet wird, dass er mit seinen Kollegen unter den Schriftgelehrten und Pharisäern Streitgespräche führt und wie er ihre Anschuldigungen zurückweist und seinen Gegnern die Stirn bietet. Alle Evangelien beschreiben ausführlich und doch sehr unterschiedlich die Verurteilung, das Leiden und Sterben sowie das Begräbnis von Jesus.

Mit Hilfe des Alten Testaments versuchen sie zu zeigen, dass die Leidensgeschichte von Jesus nicht bedeutet, dass Jesus und seine Botschaft gescheitert sind, sondern dass sein Leiden und Sterben ein Übergang zu neuem Leben ist. Der Glaube an dieses Leben aus dem Tod, die Osterbotschaft, wird von den vier Evangelisten in ganz unterschiedliche Bilder und Geschichten gekleidet.

DIE EVANGELISTEN

Den unbekannten Verfassern oder Verfassergruppen der Evangelien wurden die Namen Matthäus, Markus, Lukas und Johannes gegeben. Wer sie waren, ist nicht näher bekannt. Aber aus ihren Werken, den Evangelien, kann man natürlich einiges über sie erfahren. Keiner von ihnen hat wohl Jesus persönlich gekannt. Aus verschiedenen Quellen haben sie Worte von Jesus, Erzählungen über Jesus, Predigten, Berichte über sein Leiden und Sterben sowie Ostererfahrungen zu einer fortlaufenden Geschichte zusammengefügt. Sie haben in unterschiedlichen Zeiten für unterschiedliche Gemeinden geschrieben. Sie hatten unterschiedliche Absichten und Anliegen und eine je eigene Art zu schreiben. Und sie hatten ein unterschiedliches Bild von Jesus und setzten verschiedene Schwerpunkte.

Die altkirchliche Tradition nennt als Verfasser des dritten Evangeliums den Arzt und Paulus-Mitarbeiter Lukas, der im Kolosser- und im Philemonbrief erwähnt ist.

58

Markus	Matthäus	Lukas
Nur bei Markus	Nur bei Matthäus	Nur bei Lukas
Bei Markus, übernommen von Matthäus und Lukas	Material aus der Spruchquelle (auch „Q" genannt)	
		Material aus der Spruchquelle Q
	Bei Markus, übernommen von Matthäus	
		Bei Markus, übernommen von Lukas

SYNOPTISCHE EVANGELIEN – WAS IST DENN DAS?

Die ersten drei Evangelien sind an vielen Stellen einander ähnlich in der Reihenfolge und sogar im Wortlaut. Sie lassen sich miteinander vergleichen. Das sieht man besonders gut, wenn man die Texte von einzelnen Geschichten nebeneinanderlegt und zusammen betrachtet. Deshalb nennt man sie auch „Synoptische Evangelien" oder „Synoptiker" (das griechische Wort „synopse" bedeutet Zusammenschau). Im Gegensatz dazu ist das Johannesevangelium ganz anders gestaltet und aufgebaut.

Forscher haben festgestellt, dass Matthäus und Lukas das Markusevangelium als Grundlage für ihr Werk benutzt haben. Daneben haben die beiden aber noch eine andere Quelle benutzt, die leider verloren gegangen ist. Man nimmt an, dass darin vor allem Aussprüche und Gleichnisse von Jesus aufgeschrieben waren. Deshalb wird diese Quelle „Rede-" oder „Spruch-Quelle" genannt (griechisch: „Logien"-Quelle). Außerdem haben sowohl Matthäus als auch Lukas noch jeweils andere Überlieferungen gekannt und in ihre Evangelien aufgenommen.

DIE VIER EVANGELIEN

Wer sich mit dem Christentum befassen will, beginnt am besten damit, die vier

Evangelien zu lesen. Sie berichten von Jesus Christus, seinem Leben, seinem Tod und seiner Auferstehung. Die Evangelien wollen ihren Leserinnen und Lesern zeigen, dass Jesus als Mensch unter Menschen gelebt hat – an einem bestimmten Ort und zu einer bestimmten Zeit. Doch sie wollen auch zeigen, dass Jesus weit mehr als ein gewöhnlicher Mensch ist. In ihm kam Gott selbst auf die Erde, um sein Volk und alle Menschen zu retten. Von diesem Glauben wollen die Evangelien ihre Leserinnen und Leser überzeugen.

Ein Priester verkündet das Evangelium.

DAS EVANGELIUM NACH MARKUS

Es ist das älteste und auch das kürzeste der vier Evangelien. Die Sprache ist einfach und lebendig. Geschrieben wurde es für Menschen, die nicht im jüdischen Glauben erzogen wurden, für so genannte Heidenchristen. Ihnen war vieles am Glauben des Volkes Israel fremd und sie kannten sich nicht gut im Alten Testament aus. Markus erzählt, dass auch die Jünger vieles nicht verstanden haben, was Jesus gesagt und getan hat – vor allem, wenn es um sein Leiden und seinen Tod ging. Aber gerade das, nämlich die Leidensgeschichte, ist der Höhepunkt des Markusevangeliums, auf die alle Worte Jesu und alle Ereignisse zulaufen. Den unverständigen Jüngern stellt Markus einen heidnischen Hauptmann gegenüber, der unter dem Kreuz als Erster das Geheimnis um Jesus, das „Messiasgeheimnis", erkennt und bekennt: „Wahrhaftig, dieser Mensch war Gottes Sohn" (Markus 15,39). Das Markusevangelium klingt aus mit der österlichen Botschaft, dass Jesus von Nazaret, der Gekreuzigte, auferstanden ist (Markus 16,6).

Die erste Seite des Markusevangeliums aus dem Lindisfarne-Evangelium. Das Symboltier des Markus ist der Löwe.

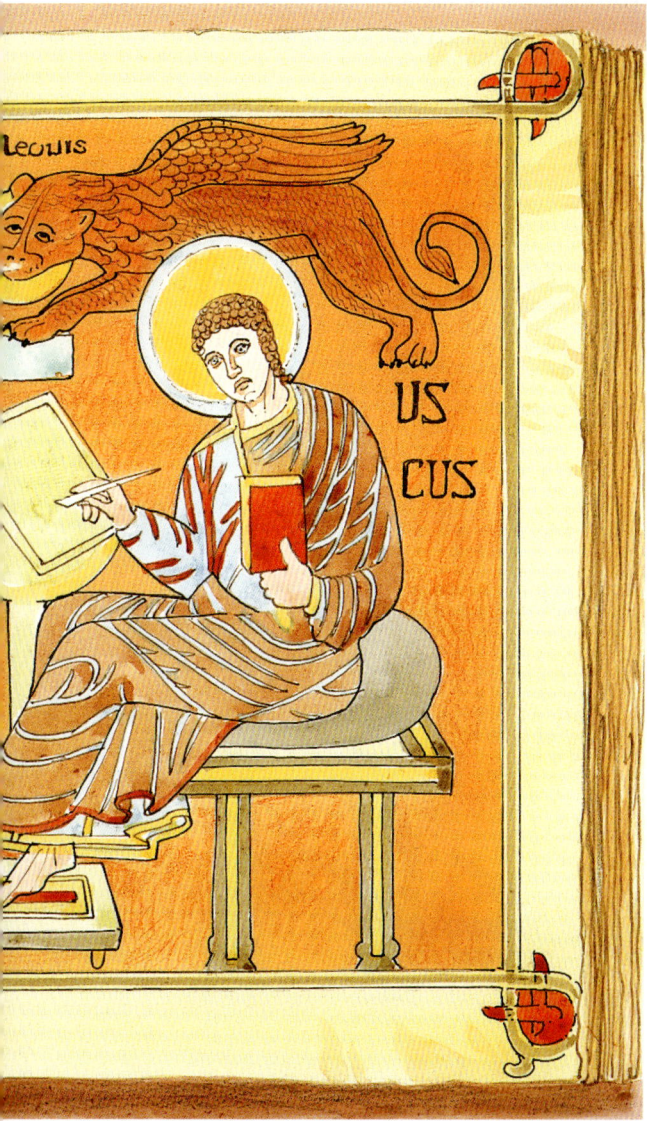

Leouis

US
CUS

imago homi uis :-

ΟΛΟΙΟΣ

HIATI

HEUS

Die erste Seite des Matthäusevangeliums aus dem Lindisfarne-Evangelium. Die Symbolfigur des Matthäus ist der Engel.

DAS EVANGELIUM NACH MATTHÄUS

Der Verfasser dieses Evangeliums ist ein unbekannter juden-christlicher Lehrer. Er wendet sich nach 70 n. Chr. an Christen aus dem Judentum. Er stellt Jesus als den neuen Mose dar, der die Weisungen vom Sinai ihrem Sinn nach erfüllt und sie in fünf großen Reden auch den einfachen Leuten nahebringt. Die so genannte Bergpredigt (Matthäus 5–7) ist wohl mit der bekannteste Teil des Matthäusevangeliums . Sie beginnt mit den „Seligpreisungen", in denen Jesus den Kleinen und Armen, den Hungrigen und Durstigen, den Traurigen und den Verfolgten Mut macht und ihnen Gottes Liebe und Nähe zusagt.

Matthäus versucht mit Zitaten aus der hebräischen Bibel zu zeigen, dass Jesus der verheißene Messias ist, dass er aber trotzdem von seinem Volk – vor allem von den Priestern, Pharisäern und Schriftgelehrten – abgelehnt wird. Darum, so schildert Matthäus, wendet Jesus sich den Heiden zu. Nur im Matthäusevangelium wird die Kirche erwähnt (Matthäus 16,18). Wohl deshalb steht dieses Evangelium im Neuen Testament an erster Stelle. Mit dem tröstlichen Satz des auferstandenen Jesus: „Seid gewiss: Ich bin bei euch alle Tage bis zum Ende der Welt" (Matthäus 28,20) schließt dieses Buch.

DAS EVANGELIUM NACH LUKAS

Viele bekannte Bibelgeschichten stammen aus dem Lukasevangelium: die Gleichnisse vom verlorenen Schaf und vom verlorenen Sohn, die Erzählungen vom barmherzigen Samariter und vom Zöllner Zachäus.

Schon an dieser Auswahl von Geschichten wird deutlich, worauf Lukas besonderen Wert legt. Er betont, dass Jesus sich um die „Verlorenen", die Randgruppen, kümmert, von denen die meisten der anständigen Frommen nichts wissen wollen. Jesus geht zu den Ausgestoßenen, Bedürftigen, Kranken, Aussätzigen, Benachteiligten, Fremden und zu den Frauen, die damals wenig Rechte hatten.

Der Verfasser des Lukasevangeliums war ein gebildeter Schriftsteller, der nicht im jüdischen Glauben erzogen worden ist. Er schrieb seine beiden Bücher – das Evangelium und die Apostelgeschichte – hauptsächlich für die außerjüdische Welt. Dabei hatte er auch wohlhabende Leute im Blick, denn eindrücklich weist er darauf hin, dass Jesus dem Reichtum kritisch gegenübersteht. Er fordert die Reichen auf, ihren Besitz zu teilen und für einen gerechten Ausgleich zwischen armen und wohlhabenden Menschen zu sorgen (Lukas 12,13-21.33-34; 16,9-13.19-31; 18,18-30).

Der Evangelist Lukas mit seinem Symboltier, dem Stier. *Meister der Fuldaer Schule, um 840, karolingische Buchmalerei auf Pergament*

Jesus wird bei Lukas als Prophet bezeichnet, der vor allem in seiner Heimatstadt Nazaret abgelehnt wird (Lukas 4,16-31) – so wie es auch anderen Propheten ergangen ist. Bei Lukas wird Jesus wegen seiner Liebe und Barmherzigkeit als Vorbild für die Christen und wegen seines Leidens und Sterbens zum tröstlichen Vorbild für die Verfolgten und die Märtyrer. In der Ostergeschichte von den beiden Jüngern, die nach Emmaus gehen. will Lukas seinen Lesern – und auch uns – klarmachen, dass Jesus bei uns ist, wenn wir auf dem Weg sind, wenn wir miteinander sprechen und wenn wir zusammen Mahl halten (Lukas 24,13-35).

Der Evangelist Johannes mit seinem Symboltier, dem Adler,
Clarence-Stundenbuch nach dem Brauch von Sarum aus dem
Besitz der Margarete Duchess of Clarence, London 1428

DAS EVANGELIUM NACH JOHANNES

Das Johannesevangelium unterscheidet sich auffallend von den
Synoptikern. Es hat eine eigene, manchmal schwer verständliche
Insidersprache. Lange Reden und Diskussionen sind in ihm zu lesen.
Sie sind sicher nicht genau so gehalten worden, sondern von dem
oder den Verfassern so ausgestaltet worden. Die Ereignisse werden oft
symbolisch gedeutet. Alle sieben Wunder, die bei Johannes „Zeichen"
heißen, die sieben Reden und die sieben Ich-bin-Worte führen hin
zu Jesu Leiden, seinem Sterben und seiner „Erhöhung"am Kreuz zur
Rettung der Welt.

Das Johannesevangelium ist vermutlich erst zwischen 100 und 110
entstanden. Und zwar in einer Gemeinde, die aus der jüdischen
Religionsgemeinschaft ausgeschlossen worden war (Johannes 9,22).
Das erklärt, warum in dieser Schrift die Gegensätze so betont werden
wie Glaube – Unglaube, Licht – Finsternis oder Wahrheit – Lüge. All das
ist nicht leicht zu verstehen. Allerdings enthält das Johannesevangelium
auch bedeutsame Sätze voll dichterischer Schönheit. Zum Beispiel:
„Wenn das Weizenkorn nicht in die Erde fällt und stirbt, bleibt es allein;
wenn es aber stirbt, bringt es reiche Frucht" (Johannes 12,24).

„Ich bin der Weinstock, ihr seid die Reben. Wer in mir bleibt und
in wem ich bleibe, der bringt reiche Frucht" (Johannes 15,5).

Oder das Wort, das als Zusammenfassung des ganzen Evangeliums
gelten kann:

„Ich bin gekommen, damit sie das Leben haben und es in Fülle
haben" (Johannes 10,10).

WELT UND UMWELT
DER BIBEL

DAS LAND DER BIBEL

Das Land der Bibel hat viele Namen: Israel, Kanaan, Palästina, Cis- und Transjordanien. Die überwiegend christlich verwandte Bezeichnung „Heiliges Land" kommt nur einmal in der Bibel (Sacharja 2,16) vor. Viel häufiger ist dort vom „Land Israel" und vor allem von „Kanaan" die Rede, ein Begriff, der bereits im 2. Jahrtausend v. Chr. als Landesname bezeugt ist. „Palästina" wiederum ist nicht biblisch, sondern wird vor allem seit römischer Zeit als Landesbezeichnung verwendet. Cis- und Transjordanien werden die Gebiete westlich und östlich des Jordans genannt. Der zu großen Teilen deutlich unter dem Meeresspiegel liegende Jordangraben durchzieht das ganze Land und teilt es grob in zwei Hälften.

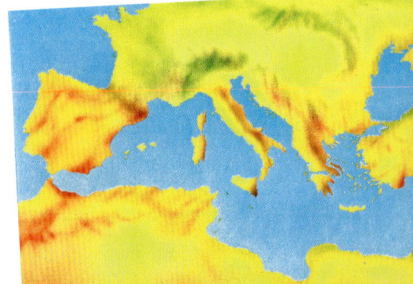

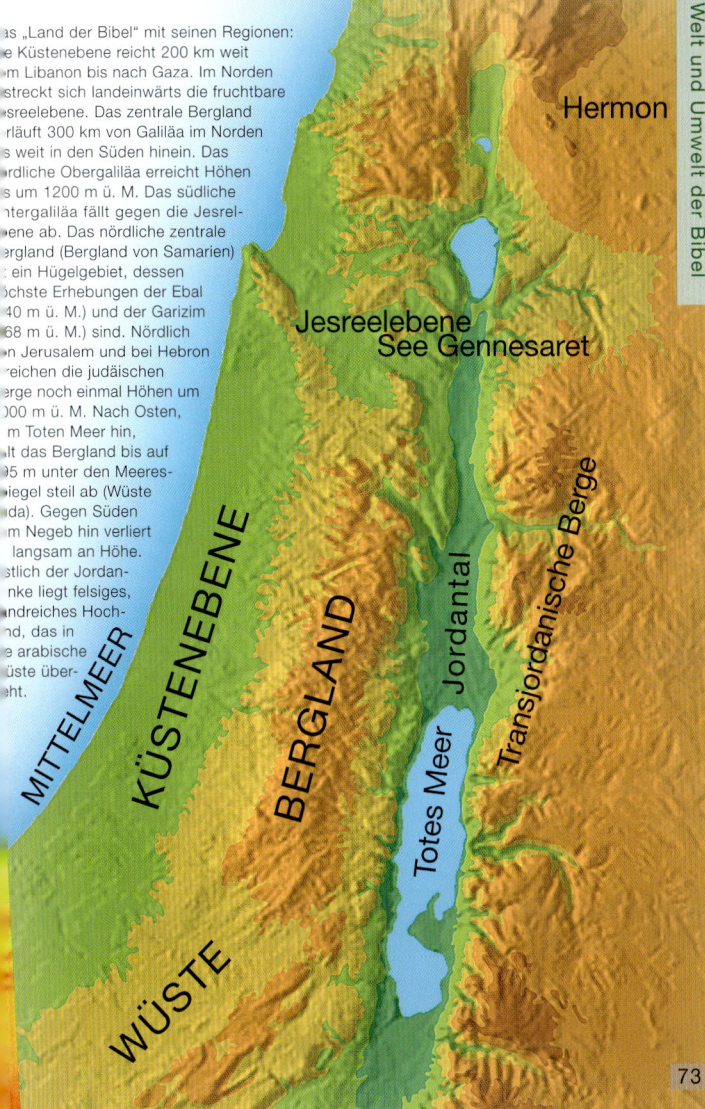

...as „Land der Bibel" mit seinen Regionen:
...e Küstenebene reicht 200 km weit
...m Libanon bis nach Gaza. Im Norden
...streckt sich landeinwärts die fruchtbare
...sreelebene. Das zentrale Bergland
...rläuft 300 km von Galiläa im Norden
...s weit in den Süden hinein. Das
...rdliche Obergaliläa erreicht Höhen
...s um 1200 m ü. M. Das südliche
...ntergaliläa fällt gegen die Jesrel-
...ene ab. Das nördliche zentrale
...ergland (Bergland von Samarien)
... ein Hügelgebiet, dessen
...öchste Erhebungen der Ebal
...40 m ü. M.) und der Garizim
...68 m ü. M.) sind. Nördlich
...n Jerusalem und bei Hebron
...reichen die judäischen
...erge noch einmal Höhen um
...000 m ü. M. Nach Osten,
...m Toten Meer hin,
...llt das Bergland bis auf
...95 m unter den Meeres-
...iegel steil ab (Wüste
...da). Gegen Süden
...m Negeb hin verliert
... langsam an Höhe.
...stlich der Jordan-
...nke liegt felsiges,
...ndreiches Hoch-
...nd, das in
...e arabische
...üste über-
...eht.

Hermon

Jesreelebene
See Gennesaret

MITTELMEER

KÜSTENEBENE

BERGLAND

Jordantal

Totes Meer

Transjordanische Berge

WÜSTE

73

✤ Das Land der Bibel besteht aus Regionen, die unterschiedlicher kaum sein könnten. Die Berge sin bis zu 1000 m hoch, während der Wasserspiegel des Sees Genne- saret 210 m unter dem Meeresspiegel liegt.

✤ Noch tiefer liegt das Tote Meer. 400 m unter dem Meeresspiegel gelegen, ist es der am tiefsten gelegene Punkt der Erdoberfläche.

Der See Gennesaret liegt in einem Senkungs- graben; der obere Teil ist von hohen Bergen, der untere Abschnitt von Hügeln umgeben.

✺ Es gibt karge Halbwüsten und bizarre Salzwüsten, blühende Oasen und rauschende Wasserfälle, kühle Waldgebiete und kahle Berge, fruchtbare Ebenen und mit Büschen bestandene Hochebenen, die Meeresküste mit Sandstränden und Dünen und das Schwemmland des Jordan, tiefe Schluchten und ausgewaschene Wadis, heiße Quellen und auf dem Hermon auch Schnee, rot schimmernde, faszinierende Sandsteinformationen und von schwarzem Basalt gesprenkelte Hügel. Im Sommer ist es heiß, trocken und karg. Fällt der jährliche Winterregen allerdings besonders üppig aus, kann er für kurze Zeit das Land in einen reich blühenden Garten verwandeln. Es ist ein faszinierendes Land, ein besonderes, heiliges Land, denn „stets ruhen auf ihm die Augen des Herrn, deines Gottes, vom Anfang des Jahres bis zum Ende des Jahres" (Deuteronomium 11,12).

Salz ist eines der wichtigsten Handelsgüter, die am Toten Meer gewonnen wurden und werden. Bei Erdbewegungen im Toten Meer steigt aus Spalten Asphalt auf, der wie das Salz abgebaut wurde und ebenfalls sehr begehrt war (Jesaja 34,9; Ezechiel 47,11).

DIE KÜSTENEBENE

Die Küste des Mittelmeers ist in Palästina fast schnurgerade. Dünen und Sümpfe mit Krokodilen und Flusspferden verhinderten an vielen Stellen, dass sich in biblischer Zeit Menschen dort ansiedelten. Am dichtesten bewohnt war der südlichste Abschnitt der Küste, der von der Bibel „Philisterland" genannt wird. Das Küstenland zwischen Jafo und Dor nannte man Scharon („Flachland"). Es war berühmt für seine prächtige Pflanzenwelt (Hoheslied 2,1).

Mittelmeerküste

DAS BERGLAND

Das Zentrale Bergland erhebt sich bis rund 1000 m. Es trennt das Mittelmeer von der Wüste und dem Jordangraben. Die Hügel und Berge auf der Westseite waren in biblischer Zeit dicht bewaldet. Heute ist fast überall das nackte Kalk- und Kreidegestein zu sehen. Obwohl es hier nur an wenigen Tagen regnet, fällt im Jahresdurchschnitt etwa genauso viel Regen wie in London.

DIE WÜSTE JUDA

In diesem kargen Trocker

Wenn es aber doch geschieht

Judäische Wüste

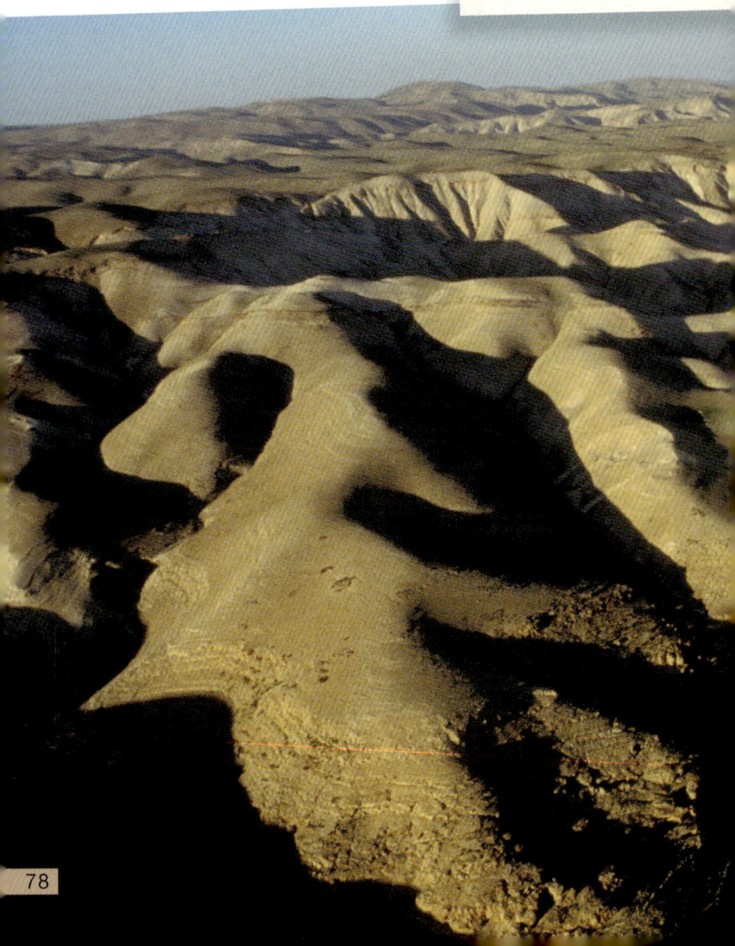

...ebiet zwischen Bergland und Jordangraben regnet es nur selten. ...erwandelt sich die Wüste in eine blühende Landschaft (Jesaja 32,15).

DIE JORDANSENKE

Der Jordan schlängelt sich 322 km weit vom Berg Hermon bis hinunter zum Toten Meer. Er durchfließt den See Gennesaret, der für seinen Fischreichtum berühmt ist. Dann schmiegt er sich in ein immer enger werdendes Tal bis zum Toten Meer, das in der Bibel auch „Salzmeer" genannt wird. Das Jordanwasser verdunstet hier und lässt eine Salzlösung zurück, in der weder Fische noch Wasserpflanzen leben können. Der Jordangraben gliedert das Land in einen West- und einen Ostteil und bildet eine natürliche Grenze zwischen Völkern, Staaten und Provinzen.

DAS SÜDLAND

Im Süden zwischen Palästina und der Sinaihalbinsel liegt eine an Naturwundern reiche Steppen- und Wüstenlandschaft, die „Negeb" („Trockenland") genannt wird. In regenreichen Jahren verwandelt sich der karge Landstrich in fruchtbares Ackerland, auf dem Getreide angebaut werden kann. In den östlichen Bergen haben die Bäche des Negeb (Psalm 126,4) außergewöhnliche Landschaften geschaffen.

Der Negeb

ISRAEL UND SEINE NACHBARN

Zwei große Zivilisationen prägten die Entstehung des Alten Testaments ganz entscheidend: Ägypten und Babylonien. Aber auch andere Völker spielen im Alten Testament eine Rolle. Dazu gehören etwa die Phönizier und Philister, die sich im Küstenland um befestigte Städte herum angesiedelt hatten.

Kanaan, das „Gelobte Land", wurde von verschiedenen Stämmen wie den Moabitern, Edomitern und Amalekitern bewohnt. Sie alle besaßen ihren eigenen Götter und ihre eigene Kultur. Zwischen Israel und seinen Nachbarn kam es immer wieder zu kriegerischen Auseinandersetzungen. Wegen seiner strategisch wichtigen Lage sehen sich die Bewohner Palästinas mehrmals in seiner Geschichte von übermächtigen Gegnern bedroht und erobert.

Mächtige geschmückte Säulen im Hathortempel in Dendra, Ägypten

Die Pyramiden und die um sie gruppierten Gebäude lassen vermuten, dass sie dem Kult für den göttlichen Pharao und der Versorgung des toten Herrschers dienten. Tausende von Arbeitskräften wurden zum Bau dieser riesigen Königsgräber herangezogen. Um ca. 2550 v. Chr. erbaute Pharao Cheops (Chufu) die größte unter ihnen. Sie hat eine Grundfläche von 52.000 Quadratmetern und enthält etwa 2.300.000 Blöcke mit einem Durchschnittsgewicht von zweieinhalb Tonnen.

ÄGYPTEN

Das Land am Nil zählt zu einer der ältesten und wichtigsten Stätten menschlicher Kultur. Der Nil lässt das Land erblühen: Fruchtbare Felder und Bewässerungskanäle voller Fische sorgten schon zur Zeit der Bibel dafür, dass Ägypten von Hunger und Not weitgehend verschont ist. So können Handel, Kunst und Kultur gedeihen. 3000 Jahre lang wird Ägypten von Pharaonen regiert, die als Söhne des Sonnengottes gelten. Über viele Jahrhunderte ist Ägypten eine politsche und wirtschaftliche Großmacht. Von 3000 v. Chr. an bestimmen Ägypten auf der einen und Mesopotamien auf der anderen Seite die Politik im ganzen Vorderen Orient. Die Bibel berichtet, dass sich viele Menschen aus den Nachbarländern in Zeiten der Hungersnot nach Ägypten flüchteten, so auch die Familie von Jakob, aus der das Volk Israel hervorgeht. Später wird für die Israeliten aus dieser Zuflucht ein Ort der Sklaverei und Ausbeutung. Die riesigen Residenzen und Pyramidengräber werden nicht nur von einheimischen Arbeitern, sondern auch von Fronarbeitern und Sklaven erbaut. Im Buch Exodus ist Ägypten vor allem mit Unterdrückung und Sklavenarbeit beim Bau der Ramses-Stadt verbunden. Nach dem Zeugnis der Bibel fällt der Auszug aus Ägypten in die Zeit von Pharao Ramses II. um 1250 v. Chr. Auf einer Stele des Pharao Merenptah wird kurze Zeit später der Name „Israel" sogar ausdrücklich genannt. Aber auch in den folgenden Jahrhunderten steht das Volk Israel weiterhin unter dem Einfluss der Politik und Kultur Ägyptens.

Assyrische Soldaten. Relief vom Palast in Ninive, ca. 700 v. Chr.

ASSYRER

Im nördlichen Teil von Mesopotamien leben die Assyrer. Ihre Hauptstädte heißen Assur und Ninive. In Assyrien ist das Zweistromland weitgehend unfruchtbar. Deshalb sind die Assyrer gezwungen, ihre Nachbarn anzugreifen, um zu überleben. Dadurch werden sie zu Spezialisten der Kriegsführung. Assyrien wird bereits 1750 v. Chr. eine bedeutende politische Macht. Nach der Eroberung der Stadt Mari schaffen sie ein Großreich, das Eufrat und Tigris verbindet. Die Assyrer sind bei ihren Gegnern gefürchtet. Wer nicht getötet wird, wird zwangsweise umgesiedelt; die übrige Bevölkerung muss hohen Tribut zahlen. Das ist auch das Schicksal des Königreiches Israel, das besetzt und zerstört wird. Seine Bewohner werden vertrieben, bevor es im Jahr 722 v. Chr. endgültig untergeht. Nur ein Jahrhundert später wird auch das Assyrische Großreich, das durch eine Reihe von Aufständen geschwächt ist, von den Babyloniern angegriffen und zerstört.

Das assyrische Kernland

Assurnasirpal und Salmanassar (ca. 880-825)

Tiglat-Pileser, Sargon und Sanherib (745-681)

Asarhaddon und Assurbanipal (680-630)

Nof (M

0   200   400   600   8

km

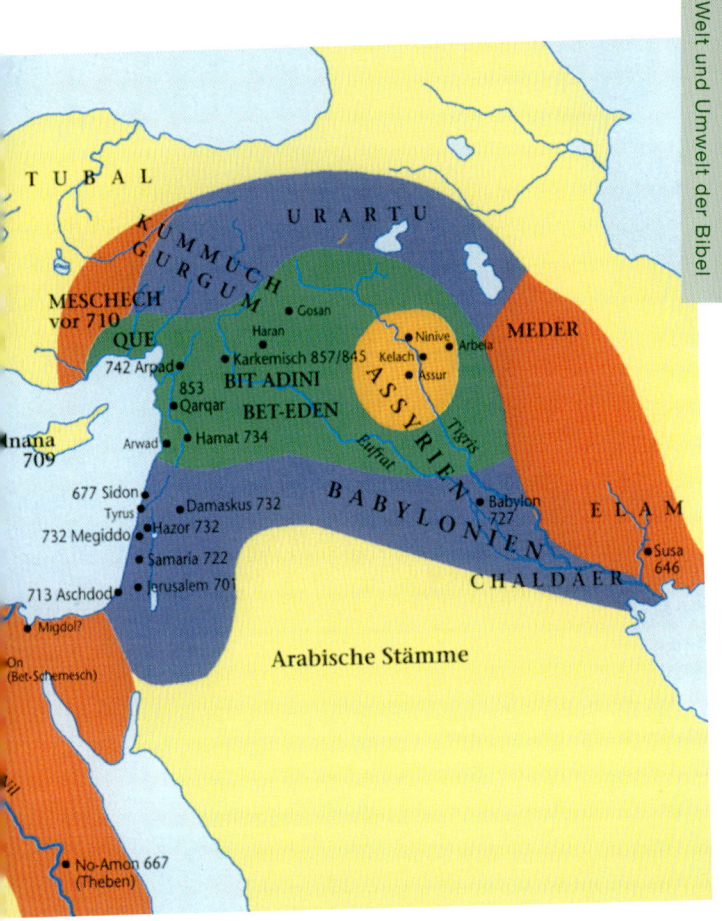

Das Assyrische Reich dehnte sich im Laufe der Jahrhunderte durch zahlreiche Eroberungen aus.

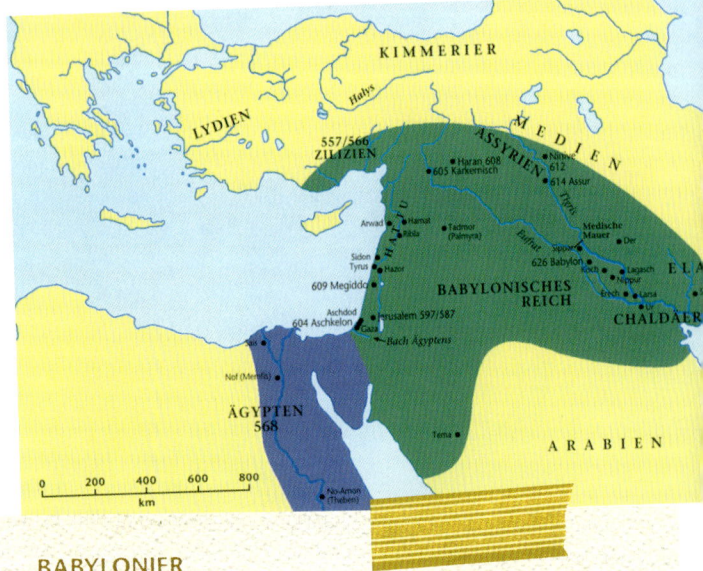

BABYLONIER

Dieses Großreich liegt im südlichen Teil Mesopotamiens (dem heutigen Irak). Bekannt sind neben der Hauptstadt Babel (oder Babylon) die großen Städte Akkad und Ur. Zum ersten Großreich in der Geschichte wird Babylonien 2350 v. Chr. Die Amoriter begründen um 1900 v. Chr. das erste babylonische Herrschergeschlecht. Aus ihr geht auch Hammurabi hervor, der Mari und Assyrien kurzzeitig erobert. Um 1500 v. Chr. verliert Babylonien seine politische und kulturelle Vormachtstellung an Assyrien. Die Chaldäer dringen einige Jahrhunderte später in Babylonien ein. Um 626 v. Chr. ruft sich Nabopolassar zum König aus, die Zeit des Neubabylonischen Reiches beginnt. Unter Nebukadnezzar erreicht Babylonien seine größte Ausdehnung. 587 v. Chr. erobert er Jerusalem, zerstört den Tempel und verschleppt die Oberschicht ins Exil (2 Könige 25). Das Babylonische Großreich geht unter, als der Perserkönig Kyrus Babylon im Jahr 539 v. Chr. erobert und es zur persischen Provinz macht. Damit endet auch das Exil der Israeliten. Das Alter und die große Bedeutung der babylonischen Kultur spiegelt sich in den Texten des Alten Testaments: Babel wird zum Schauplatz des Turmbaus und der anschließenden Sprachverwirrung (Genesis 11,1-9); Ur gilt als die Heimatort der Vorfahren Abrahams (Genesis 11,31).

PERSER

Volksstamm, der ursprünglich im Gebiet zwischen dem Persischen Golf und dem Kaspischen Meer angesiedelt war. Nachdem er die medische Vorherrschaft besiegt hat, errichtet der Perser Kyrus durch seine weit reichenden Eroberungen zwischen 559 und 530 v. Chr. ein persisches Großreich. Der Untergang des persischen Reiches erfolgt im Jahr 331 v. Chr. mit der Niederlage der Perser bei Granikos gegen Alexander den Großen. Weil Kyrus die Juden nach dem Sieg der Perser über die Babylonier aus der Babylonischen Gefangenschaft (Exil) im Jahr 538 v. Chr. heimkehren lässt (Kyrus-Dekret), wird Persien in nachexilischen Schriften des Alten Testaments häufig genannt (2 Chr 36,22-23; Esra 1,1-2; 6,2-5).

Persische Bogenschützen aus dem Thronsaal Darius' des Großen in Susa (6. Jh. v. Chr.)

Karte des persischen Reiches

KANAANÄER

In Kanaan, also dem Land zwischen den Städten Sidon und Gaza, wohnten verschiedene Völker und Stämme. Dazu gehörten Aramäer, Ammoniter, Moabiter, Edomiter und Philister. Sie hatten ihre Blütezeit im Bronzezeitalter, also zwischen 2000 und 1500 v. Chr. In den kanaanäischen Städten gab es viele gute Kaufleute und geschickte Handwerker, vor allem in der Metallverarbeitung. Als das Volk Israel 1300 v. Chr. von Ägypten nach Kanaan zog, stand das Land noch unter ägyptischer Herrschaft. Mit der Zeit eroberten die Israeliten immer mehr kanaanäische Städte und Landesteile. Schließlich blieben nur noch die Phönizier als eigenständiges kanaanäisches Volk.

PHILISTER

Dieses Seevolk siedelt sich Ende des 2. Jahrhunderts v. Chr. an der Mittelmeerküste im Land Kanaan an. Sie bewohnten vor allem die Städte Aschdod, Aschkelon, Efron, Gat und Gaza. Die Philister erlangen die Herrschaft über das Westjordanland bis in die Richterzeit um 1000 v. Chr. Ihre mächtige Armee kontrollierte die Küstenstraße nach Ägypten. Israel ist den Philistern zunächst im Kampf unterlegen (1 Samuel 13,19-22). Die Bibel berichtet, dass die Israeliten vernichtend durch die Philister geschlagen werden, die ihnen daraufhin die Bundeslade entführen (1 Samuel 4,17). Erst unter David gelingt es, die Philister zu bezwingen und ihre Herrschaft zu beenden (2 Samuel 8,1).

PHÖNIZIER

Die Phönizier bewohnten den Teil der Mittelmeerküste, der in etwa dem heutigen Staat Libanon entspricht. Zu den wichtigsten Städten der Phönizier gehören Byblos, Beirut, Sidon und Tyrus. Der griechische Name „Phönizien" kommt von der griechischen Bezeichnung für die Purpurschnecke. Der Handel mit Purpur ist für die Wirtschaft des Landes sehr wichtig. Die Phönizier selbst nennen sich aber Kanaanäer. Sie sind Seefahrer, Händler und äußerst geschickte Handwerker. Da sich die phönizische Sprache nur wenig vom Hebräischen unterscheidet, gibt es viele Kontakte zwischen dem Volk Israel und Phönizien. So schließt etwa König Salomo Verträge mit Hiram von Tyrus (1 Könige 5); König Ahabs Frau ist die phönizische Prinzessin Isebel (1 Könige 16,31).

Philisterkrieger

PFLANZENWELT DER BIBEL

Maulbeerfeige

FEIGENBAUM

Der Feigenbaum gedeiht im gesamten Mittelmeerraum. Die Feige, die im Alten Testament oft neben dem Wein genannt wird, gehörte in biblischer Zeit zu den wichtigen Nahrungsmitteln der Israeliten (Numeri 13,23; 2 Könige 18,31). Besonders die Frühfeige war als Leckerbissen beliebt (Micha 7,1). Das Bild des Früchte tragenden Feigenbaums bedeutet Frieden und Wohlstand (Jesaja 36,16), während umgekehrt der verdorrte Feigenbaum als Bild des Verderbens gilt (Jesaja 34,4; Matthäus 21,18-22; Lukas 13,6-9).

In biblischer Zeit besaßen die Menschen hervorragende Kenntnisse über die Pflanzen ihrer Heimat. In der Bibel werden hundert verschiedene Arten erwähnt. Die unterschiedlichen Klimabedingungen in Palästina bringen eine große Vielfalt an Wildpflanzen und Blumen hervor: Krokusse, Anemonen, Narzissen, Schlüsselblumen, Mohn, Goldblumen und viele mehr. Es gibt allein über 120 verschiedene Distel- und Dornengewächse.
In biblischer Zeit gab es Wälder, die heute nicht mehr zu finden sind. Der Baum der

Wüste ist die Akazie. Die Israeliten nutzten ihn als Bauholz für die Bundeslade und Teile der Stiftshütte. Auf den Hügeln wuchsen Tannen, Zypressen und Kiefern, am Ufer des Jordan Pappeln, Weiden, Tamarisken und Oleander. Für die Ernährung wichtig waren der Weinstock, der Ölbaum, die Feige, der Granatapfel, die Dattelpalme und der Mandelbaum.

GERSTE UND WEIZEN

Gerste und Weizen wurden in Palästina seit dem 8. Jahrhundert v. Chr. angebaut. Gerste war leichter anzubauen als Weizen, aber minderwertiger, weil sich Gerstenmehl nicht so gut wie Weizenmehl zum Backen eignet. Deshalb wurde Gerste vor allem als Viehfutter verwendet; nur sehr arme Leute mussten ihr Brot aus Gerstenmehl backen. Der bevorzugte Weizen brauchte allerdings regelmäßigen Regen; blieb er aus, waren Hungersnöte die Folge. Eine schlechte Ernte brachte nicht nur zu wenig Nahrung, sondern auch zu wenig Saatgut für das folgende Jahr. Das Weizenkorn symbolisierte Fruchtbarkeit und Reichtum – für religiöse Menschen Gottes Segen. Deshalb wurde die erste Garbe der Ernte dem Priester dargebracht (Levitikus 23,10-11). Im Neuen Testament wird das Wachsen des Weizens zum Symbol für die Ausbreitung des Reiches Gottes (Markus 4,2-9).

Gerste (oben) und Emmer, eine alte Weizenart (unten)

91

Granatapfel

KRÄUTER UND

Sie wurden in bit
sondern auch als Arz
bräuchlichsten Würz-
Dill, Knoblauch, Anis

GRANATAPFEL

Der Granatapfelbaum ist ein
kleiner Baum oder Busch mit aus-
ladenden Ästen und roten Blüten,
aus dessen apfelförmigen Früchten
ein erfrischendes Getränk gewonnen wird. Granatapfelornamente
sind schon zu biblischen Zeiten
ein beliebter Schmuck (Exodus 28,33;
1 Könige 7,18).

Ölbaum

GEWÜRZE

...scher Zeit nicht nur zum Würzen,
...eimittel verwendet. Die ge-
...nd Arzneipflanzen sind Kreuzkümmel,
...ajoran, Raute, Minze und Senf.

Schwarzer Senf, Jesus
vergleicht das Senfkorn
mit dem Reich Gottes, das
erst klein und unscheinbar
ist, aber dann zu einer großen
Pflanze heranwächst (Markus
4,30-32).

ÖLBAUM

Im gesamten Mittelmeergebiet wächst der Ölbaum mit
seinen ledrigen, graugrünen Blättern, der in Palästina im
Mai blüht. Der Ölbaum ist dafür bekannt, dass er ein sehr
hohes Alter erreicht (über 2000 Jahre). Alte Ölbäume ent-
wickeln eine knorrige, furchige und unförmige Gestalt.
Kostbar ist der Ölbaum wegen seiner ölhaltigen Olivenfrucht,
aus der das begehrte Öl gewonnen wird. Aber auch sein
hartes, dunkles Holz ist als Nutzholz gefragt. In der Bibel
ist ein Ölzweig, den die von Noach ausgesandte Taube im
Schnabel trägt, das erste Zeichen für das Ende der Sintflut.
So wird der Ölzweig, wie auch die Taube, zum Friedens-
symbol (Genesis 8,11).

PALME

Wenn in der Bibel von „Palmen" die Rede ist, sind meistens Dattelpalmen gemeint. Sie liefern neben den süßen Datteln auch Bauholz und über 2–3 m lange Blätter, aus denen Körbe geflochten wurden. Palmzweige dienen auch als Festschmuck, so ist beim Laubhüttenfest das Pflücken von Palmwedeln Brauch (Levitikus 23,40). Jericho war als „die Palmenstadt" bekannt (Deuteronomium 34,3).

WEINSTOCK

Wein wurde schon 3000 v. Chr. im Nahen Osten angebaut. „Sie gingen aufs Feld hinaus, lasen den Wein, kelterten ihn und feierten ein Freudenfest" (Richter 9,27).

Zeder

ZEDER

Die hohe, starke Zeder wuchs zu biblischer Zeit vor allem auf dem Libanon. Dieser Baum, der wegen seines großen wirtschaftlichen Wertes und Nutzens als Bauholz etwa siebzigmal im Alten Testament erwähnt wird, galt in der Bibel als Sinnbild der Schönheit und Macht (Ezechiel 31,3-7). Zedern wurden zum Bau von Palästen und des Tempels verwendet (1 Könige 6,16-20), aber auch für die Mastbäume der Schiffe (Ezechiel 27,5) und zur Herstellung von Götzenbildern (Jesaja 44,14-20).

Heute kommen Zedern nur noch vereinzelt vor und stehen unter Naturschutz. Unter ihnen befinden sich Bäume, deren Alter bis in biblische Zeiten zurückreichen dürfte. Man gewinnt aus diesem angenehm duftenden Baum das Zedernöl und ein wohlriechendes Harz.

TIERWELT DER BIBEL

In der Bibel kommen sehr häufig Tiere vor. Zum einen sind es Haus- und Nutztiere wie Schafe und Ziegen, die mit den Menschen zusammenleben. Im Alten Orient gab es auch noch viele wilde Tiere, die heute in diesen Regionen ausgestorben sind. So waren Löwen und Bären bei den Hirten und ihren Herden gefürchtet. Tiere spielen aber auch eine große Rolle in Gleichnissen und Beispielgeschichten, z. B. die listige Schlange oder die friedfertige Taube.

BÄR

In biblischer Zeit lebten syrische Braunbären in Palästina. Obwohl sie sich zum größten Teil von Pflanzen ernährten, konnten hungrige Bären zu einer echten Gefahr für die Hirten und ihre Herden werden (Amos 5,19).

GEIER

In den meisten heutigen Bibelübersetzungen ist vom Adler die Rede (z. B. Deuteronomium 32,11), obwohl der Adler im Orient fast unbekannt ist. Das hebräische Wort bezeichnet vielmehr eine große Geierart. Der Geier wurde in Palästina wegen seiner Größe und Nützlichkeit bewundert.

ESEL

In Israel waren Esel die wichtigsten Reit- und Lasttiere. Sie wurden wegen ihrer Klugheit, ihrer Ausdauer und ihrer Genügsamkeit sehr geschätzt. Pferde lernten die Israeliten vor allem als Zugtiere der Streitwagen ihrer Feinde kennen. Deshalb waren sie bei den einfachen Leuten im Volk nicht besonders beliebt.

KAMEL

Wenn im Alten Testament der Begriff „Kamel" verwendet wird, ist damit ausschließlich das einhöckerige Dromedar gemeint. Das an die Wüste gewöhnte Tier ist ein hervorragendes Reit- und Lasttier für lange Strecken, da es in trockenen Gebieten schnell weite Entfernungen zurücklegen kann und dabei nur wenig Wasser und Nahrung braucht. So erreicht ein Kamel, je nachdem ob Last- oder Reittier, eine Geschwindigkeit von 5–14 km pro Stunde, die es über 10 Stunden lang halten kann. Zudem liefert das Kamel Haar, Milch und Mist als Brennstoff. Die Bibel berichtet, dass auch König David Kamelherden besaß (1 Chronik 27,30).

LÖWE

In vielen Gebieten Palästinas waren Löwen verbreitet, die inzwischen dort ausgestorben sind. Der Löwe ist in der Bibel einerseits ein Symbol für Kraft und stolze Herrschaft (Genesis 49,9). Andererseits war diese Raubkatze besonders bei Hirten als gieriger Unheilstifter verschrien, da häufig Tiere ihrer Herde von Löwen gerissen wurden (1 Samuel 17,34-36).

SCHAFE

Das Schaf lieferte Wolle, Milch, Fett und Fleisch. Zudem waren Schafe, besonders Lämmer, als kostbare Opfertiere sehr beliebt.

WACHTEL

Dieser kleine Vogel (ca. 15 cm groß) ähnelt äußerlich dem Sperling. Gewaltige Schwärme von Wachteln lassen sich in jedem Frühjahr und Herbst an den südlichen Dünenstränden Palästinas nieder, wenn sie sich auf ihrem Flug ins oder aus ihrem Winterquartier befinden. Viele Jäger spannen Netze aus und fangen sie zu Tausenden. Den Israeliten dienten sie auf ihrem Zug durch die Wüste als Speise (Exodus 16,13; Numeri 11,31-32).

SCHLANGEN

Sie kommen in der Bibel häufig vor. Allerdings sind die dort erwähnten Arten für uns heute nur schwer zu bestimmen. Schlangen gelten als listig und dienen in der Bibel als Bild für Klugheit (Matthäus 10,16), aber auch für Tücke (Psalm 58,5) und Heuchelei (Matthäus 23,33).

VÖGEL

Bis heute gibt es in Palästina einen großen Artenreichtum an Vögeln. Das hängt mit der großen Bandbreite an Lebensräumen zwischen subtropischem und Wüstenklima sowie den vielen Zugvögeln zusammen. Zu den in der Bibel erwähnten Vögeln, die wir kennen, gehören unter anderem Adler, Geier, Eule, Storch, Kranich, Schwalbe, Spatz, Wachtel, Rebhuhn, Taube, Krähe, Rabe.

WOLF

Wölfe gibt es im Unterschied zu Bär und Löwe bis heute in Palästina. Als Steppenbewohner geht er vor allem in der Nacht auf Beutezug und ist für Schafe ein gefürchteter Fressfeind. Deshalb wird der Wolf in der Bibel zum Symbol für Gewalt und Gefahr (Jeremia 5,6).

ZIEGE

Die Ziege ist leicht zu halten, genügsam und nützlich. Sie liefert Milch, aber auch Leder (z. B. für Wasserschläuche). Ziegen wurden in Herden zusammen mit Ziegen gehalten, die auch noch das fraßen, was die Schafe auf der Weide stehen ließen.

ALLTAGSWELT
DER BIBEL

LEBENSWELT DER BIBEL

Der Alltag zur Zeit der Bibel unterscheidet sich stark von unserem heutigen. Die Menschen, zumeist Bauern und Viehzüchter, wohnten in der Regel in kleinen Dörfern. Manche Familien zogen auch mit ihren Herden von einem Weideplatz zum nächsten. Ihr Leben wurde vom Rhythmus der Jahreszeiten, von Saat, Ernte und den Kreisläufen der Natur bestimmt. Da bei der Arbeit auf dem Feld und auf den Weiden jede Hand gebraucht wurde, galt Kinderreichtum als ein Segen. Auch die alten Menschen blieben bis zu ihrem Tod im Kreis ihrer Kinder und Enkel. Deshalb waren die Familien der Bibel

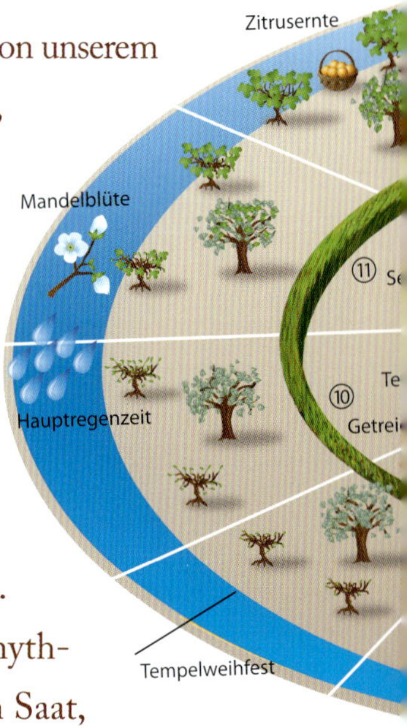

Zitrusernte

Mandelblüte

Hauptregenzeit

Tempelweihfest

⑪ Se

⑩ Te
Getrei

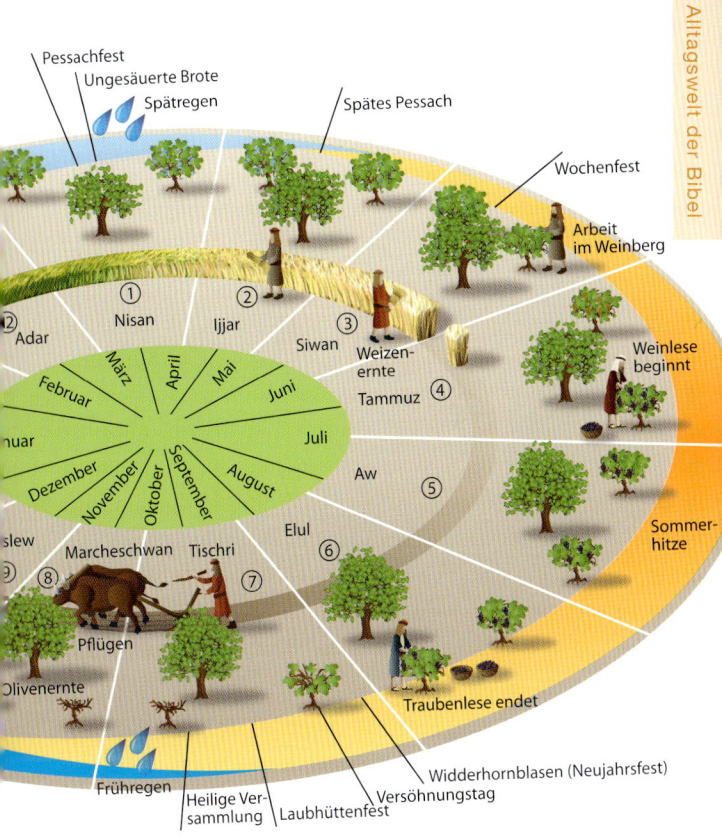

Pessachfest
Ungesäuerte Brote
Spätregen
Spätes Pessach
Wochenfest
Arbeit im Weinberg
Weinlese beginnt
Sommerhitze
① Nisan
② Ijjar
③ Siwan
Weizenernte
④ Tammuz
⑤ Aw
⑥ Elul
⑦ Tischri
⑧ Marcheschwan
⑨ Kislew
Adar
Pflügen
Olivenernte
Traubenlese endet
Widderhornblasen (Neujahrsfest)
Versöhnungstag
Laubhüttenfest
Heilige Versammlung
Frühregen

März
April
Mai
Juni
Juli
August
September
Oktober
November
Dezember
Februar
Januar

viel größer als heute; Großeltern, Geschwister
und viele Kinder gehörten genauso dazu wie
Knechte und Mägde.

In solchen Flachdachhäusern wohnten
die Menschen auf dem Land.

DER TAGESABLAUF

Wegen des heißen Klimas standen die Menschen schon vor Sonnenaufgang auf. Was bis zum Mittag nicht erledigt war, musste bis zum nächsten Tag warten, weil nachmittags wegen der Hitze nicht mehr auf dem Feld gearbeitet werden konnte. Alle suchten den Schatten und ruhten bis zum späten Nachmittag, dann arbeitete man im Haus weiter bis zum Abend. Anschließend traf man sich im Dorf, auf der Gasse, im Hof. Nach einem bescheidenen Abendessen genoss man den kühlen Abendwind. Die Älteren saßen im Kreis und tauschten Neuigkeiten aus, erzählten Geschichten und berieten den nächsten Tag. Die Jüngeren lauschten respektvoll oder trieben ihre Spiele und tanzten. Früh ging man schlafen, damit man wieder früh aufstehen konnte.

Am Abend saßen die Männer des Dorfes im Kreis beieinander und besprachen sich beim Essen.

Das Pflügen war schwere Arbeit für Mensch und Tier.

ACKERBAUERN

Die Arbeit auf dem Feld war hart und beschwerlich. Gepflügt wurde während der Regenzeit, also zwischen Oktober und April. Der Pflug bestand nur aus einer Astgabel, deren Spitze mit Metall verstärkt war. Dann wurde gesät. Ob die Ernte dann gut oder schlecht ausfiel, hing davon ab, wie viel es regnete. Oliven wurden von September bis November, Gerste im April oder Mai und Weizen von Mai bis Juni geerntet. Die Obsternte wurde im August und September eingebracht. Danach kam die Weinlese. Der Weinberg war oft der ganze Stolz seines Besitzers, der einzige Luxus, den die Bauern kannten. Sowohl der Prophet Jesaja wie auch Jesus erzählen ein Gleichnis vom Weinberg (Jesaja 5; Johannes 15)

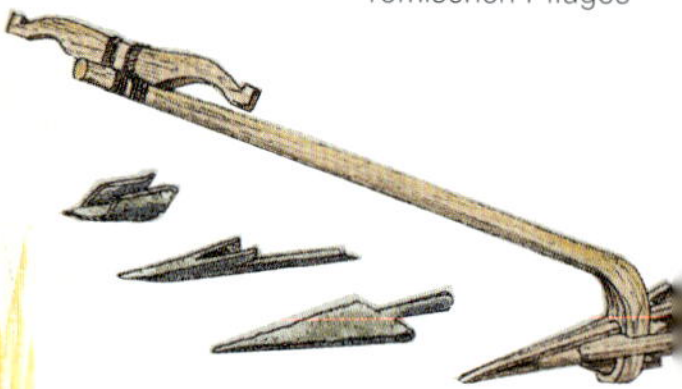

Rekonstrution eines römischen Pfluges

Bauer schneidet Korn mit der Sichel.

Mit solchen
Pressen wurde
das Olivenöl
gewonnen.
Die Gewichte
drückten auf
den Pressstein,
der die
Früchte zer-
quetschte.
Das Öl lief
über in
die Wanne.

chafhirte

SCHAFHIRTEN

Weil die Viehzucht weniger arbeits-
reich und mühsam als der Ackerbau
war, galt sie als vornehmer. Die Herden
stellten zudem eine Art Schlechtwetter-
versicherung in regenarmen Jahren dar,
wenn die Ernten schlecht ausfielen.
Je größer die Herde, desto angesehener
war sein Besitzer. Zudem waren Lämmer
kostbare Opfergaben. Die eigentliche
Hirtentätigkeit wurde meist von den jungen
Männern und Frauen ausgeübt. Aber auch
die Herrscher des alten Orients schmückten
sich gerne mit dem Titel „Hirte". Die Bibel
erzählt, dass Mose und David von
ihrer Herde weg in Amt und Würde berufen
wurden (Exodus 3; 1 Samuel 17).

DAS DORF

Die meisten Familien lebten in kleinen Dörfern zusammen. Menschen und Tiere lebten nebeneinander unter einem Dach. Die Häuser bildeten einen Ring und waren an den Außenmauern aneinandergebaut, sodass eine Schutzmauer entstand. In der Mitte hatten so die Viehherden Platz oder es konnten Silos aufgebaut werden, die die Ernte aufnahmen. Die Dächer der Häuser waren flach. Dort wurden Flachs, Hülsenfrüchte oder Obst zum Trocknen ausgelegt.

110

in Nomadenzelt
ird im Vorderen
rient bis heute
us Ziegenhaar-
ecken gefertigt,
ie mit Hilfe
on Stangen,
flöcken und
tricken aufge-
tellt werden.
ie großen
elte gelten als
Wohnstatt vor
lem für Frauen
nd Kinder,
ie nur der Ehe-
nann und Vater
etreten darf.

rf in Israel

NOMADEN

Dieses griechische Wort bedeutet „wandernde Hirten".
Vor allem in der Frühzeit Israels mussten sich einige Hirtenstämme
wie der Stamm Abrahams am Rand der Wüste auf Wanderschaft
begeben, um in der kargen Steppe immer wieder neues Weideland
für ihre Tiere zu finden. Dabei versuchten sie, möglichst in der Nähe
von Äckern und Feldern zu bleiben. Denn dort fanden sie dauer-
hafte Lagerplätze, wo Ochsen und Kühe gehütet werden konnten.
Dazu schlossen sie Verträge mit den sesshaften Bauern, damit
die Wanderhirten deren Weiden und Brunnen benutzen durften.
In ihren Dörfern fanden sie auch in Hungerzeiten Zuflucht. Wenn wir
heute von Nomaden hören, denken wir an die Kamele züchtenden
Beduinen in der arabischen Wüste. Solche Nomaden kennt auch
die Bibel, doch sie sind nicht besonders angesehen. Sie wurden
als Vertriebene (Genesis 16) verachtet und waren als räuberisch
(Richter 6,1-2) verrufen.

DAS LEBEN IN DER FAMILIE

Die Familie zur Zeit von Abraham und Sara war eine „erweiterte" Familie; zu ihr gehörten Onkel, Tanten, Cousins, Cousinen und Sklaven. Mehrere Familien, die durch Blutsbande vereint waren, bildeten eine Sippe. Auch Abraham war das Oberhaupt einer Sippe. In der Bibel werden die Oberhäupter der Stammfamilien auch „Patriarchen" (griechisch „Erzväter") genannt. Damals gab es kaum Privatleben. Man lebte auf engstem Raum in der Familie zusammen. So blieben Streitereien und Geschwisterneid nicht aus – davon erzählen uns die biblischen Geschichten von Abraham und seiner Sippe eindrucksvoll und spannend.

Innenansicht eines
Hauses

R LEBENSKREIS

Im Alten Orient wurde sehr früh geheiratet. Das junge Paar bekommt dann auch früh
ne Kinder. Die Frau erreicht als Mutter und weibliches Familienoberhaupt ihr
chstes Ansehen. Anders als seine Frau war der Mann nicht auf den Bereich der Wohnung
schränkt, sondern nahm für seine Familie am gesellschaftlichen und religiösen Leben
der Öffentlichkeit teil. Je älter ein Mensch war, umso mehr wurde sein Rat und seine
ahrung geschätzt. Deshalb begegneten die Jungen den Alten mit großem Respekt
d schätzten ihre Lebensweisheit. Hatte ein Mensch 70 Jahre erreicht, Enkel und Urenkel
sehen und war von schweren Krankheiten verschont geblieben, saß er zufrieden
r seinem Zelt oder unter seinem Weinstock und seinem Feigenbaum. Er war bereit,
inen Lebensweg zu beenden und sich zu den Vätern zu legen.

113

Beduine

DER VATER

Dem Familienvater mussten alle gehorchen. Der erst-
geborene Sohn hatte die Rolle des Familienoberhaupts
von seinem Vater übernommen. Als Haupt der Familie brachte
er Gott Opfer dar bzw. ging zum Opfergottesdienst
in den Tempel. Er regelte Streitsachen zwischen verschiedenen Sippen, wenn nötig, auch vor Gericht. Wenn die
Sippe oder das Volk von Feinden bedroht wurden, durfte er
zu den Waffen greifen und die Seinen verteidigen.
Ein Mann konnte eheliche Kinder mit mehreren Ehefrauen
und auch mit Sklavinnen haben. Sklavinnen und Sklaven
waren das Eigentum ihres Herrn. Aber sie wurden
durch Gesetze geschützt. Die Herren übertrugen manchen
Sklaven große Verantwortung.

DIE MUTTER

Frauen galten nach der Heirat als Eigentum ihres Ehemannes. Sie durften nicht am öffentlichen Leben teilnehmen und waren an die Familie gebunden. Viele Kinder zu haben, war deshalb in Israel für eine Frau sehr wichtig. Dementsprechend war die Rolle als Mutter von großer Bedeutung. Die Mutter kümmerte sich um die Erziehung ihrer Kinder und war ihre erste Lehrerin. Von ihrer Mutter lernten die Kinder, Gott zu lieben und zu achten; sie erzählte ihnen die Geschichte der Sippe und des eigenen Volkes. Wenn eine Frau ihren Mann überlebte, war sie in einer schwierigen Situation, denn sie hatte kein Anrecht auf eine Erbschaft. Darum forderte das Gesetz, dass Witwen geschützt werden.

Junge
Frau beim
Kornmalen

GEBURT

Die Geburt eines Kindes war in der Welt der Bibel immer ein bedeutendes Ereignis und ein Anlass zu großer Freude. In der Bibel gelten Kinder als Geschenk Gottes. Vor allem Jungen wurden als großer Segen angesehen, denn sie blieben ihr Leben lang bei ihren Eltern. Wenn sie heirateten, vergrößerte sich die Familie, weil Schwiegertöchter und Enkel dazukamen. Mädchen dagegen wurden, wenn sie heirateten, Mitglieder der Familie ihres Ehemannes.

KINDER

Alle Kinder wurden bis zum Alter von etwa drei Jahren von der Mutter oder von einer Amme gestillt. Wenn das Kind entwöhnt war, feierte man ein Fest. Mädchen und Jungen nahmen von Anfang an am religiösen Leben der Familie teil. Sie lernten Gott in den Geschichten ihrer Vorfahren kennen, die ihnen ihre Eltern erzählten, und dadurch, dass sie mit Vater und Mutter lebten, beteten und arbeiteten. Bis zum Alter von drei Jahren wurden alle Kinder von der Mutter erzogen. Danach kamen die Söhne zu ihrem Vater, der sie in seinem Beruf ausbildete. Die Mädchen lernten von ihrer Mutter, wie man einen Haushalt führt und Kinder großzieht. So waren die Eltern von Anfang an auch Religionslehrer und Berufsausbilder ihrer Kinder, denn Schulen gab es erst sehr viel später, etwa ab dem 1. Jahrhundert vor Christus. Mit 13 Jahren galten die Jungen als erwachsen. Mädchen wurden mit 12 Jahren volljährig und konnten dann verheiratet werden.

Braut mit Braut-
schmuck

HEIRAT

Die jungen Leute durften sich ihren Ehepartner nicht
selbst auswählen. Das war Sache der Familien. Aber meist
kannten sich die Brautleute. Über eine Heirat wurde mitunter
lange verhandelt, denn die Väter mussten sich über die
Summe einig werden, die dem Vater der Braut zustand.
Einige Münzen dieses Brautgeldes wurden als Zeichen
der Verlobung an das Stirnband der Braut geheftet. Die Verlobung dauerte ein Jahr und wurde genauso ernst genommen wie die Heirat selbst. Die Hochzeit wurde mit einem
großen Fest gefeiert, das bis zu einer Woche dauern konnte.
Anschließend wurde die junge Ehefrau in ihre neue Familie
aufgenommen.

TOD

Wenn jemand gestorben war, kam die ganze Familie zusammen, um zusammen laut zu klagen und zu weinen. Dieses Wehklagen sollte den Nachbarn darauf aufmerksam machen, dass es einen Todesfall in der Familie gab. Wohlhabende Familien bezahlten so genannte „Klagefrauen" dafür, dass sie mit ihrem Jammern die Klagen der Familie verstärkten. Um Trauer auszudrücken, war es üblich, das Gewand einzureißen und dann Trauerkleider aus Sackleinen anzuziehen. Der Leichnam wurde mit Binden oder einem Leintuch umwickelt und in eine Höhle gelegt. Wenn es keine natürlichen Höhlen in der Nähe gab, wurde eine künstliche Grabhöhle in den Fels gehauen. Sie wurde mit einem großen Felsstück oder einem Schiebestein in Scheibenform verschlossen.

Eingang zu einem Rollgrab des 1. Jhs. in Chirbet Midras in der Schefela, südwestlich von Jerusalem

HANDWERK

Bei den Nomaden fertigte jede Familie ihre Gebrauchsgegenstände zum größten Teil selbst. Die Frauen waren fürs Spinnen und Weben zuständig, die Männer gerbten Leder und stellten Werkzeuge und Waffen her. Doch schon bald gab es Handwerker, die sich auf einen bestimmten Werkstoff spezialisiert hatten, z. B. den Schmied oder den Töpfer. Der Beruf wurde vom Vater auf den Sohn vererbt, es gab auch Zusammenschlüsse der einzelnen Handwerksgruppen in Zünften (Genesis 4,20-22).

TÖPFER

Die Töpferkunst ist ein sehr altes Handwerk. Lange Zeit Später benutzte man eine Scheibe, die durch ein Schwungrad scheibe wird bis heute verwendet. Der noch weiche Ton muss im Ofen Nach dem Brand sind die Gefäße dann fertig zum Gebrauch. warf man die Scherben nicht weg, sondern benutzte sie, um mit einem Töpfer verglichen, der die Menschen wie Ton formt

...vurde der Ton nur von Hand bearbeitet.
...mit den Füßen gedreht wurde. Diese Töpfer-
...gebrannt werden, damit er richtig hart wird.
...Wenn die Tonkrüge und Schalen zerbrachen,
...darauf zu schreiben. In der Bibel wird Gott
...Jeremia 18,19).

GERBER UND ZELTMACHER

Früher wurden die Nomadenzelte aus Tierhäuten hergestellt. Erst in späterer Zeit ersetzte man das Leder der Zelte durch Stoffe, die aus Ziegenhaar gewebt wurden. Die Zeltmacher waren also Lederhandwerker, die auch gelernt hatten, wie man Tierhäute zu Leder gerbt. Sie stellten auch Lederschilde, Wasserschläuche, Gürtel, Sandalen und Pergament her.

WEBER UND FÄRBER

Die Stoffe der Gewänder waren zumeist aus Schafwolle gewebt. Aus Ägypten kamen auch feine Leinen und Baumwollstoffe. Das Spinnen und Weben der Kleidung für den Hausgebrauch war den Frauen vorbehalten. Die Nomaden bevorzugten Webstühle, deren Rahmen auf dem Boden lagen, denn sie waren einfacher aufzubauen und zu transportieren. Stoffe für reiche Leute oder für den religiösen Gebrauch wurden von Webern hergestellt. Besonders die Gewänder, die man an Festtagen und zu besonderen Anlässen trug, waren sehr farbenprächtig. Die Färbemittel wurden aus natürlichen Rohstoffen gewonnen: So erhielt man ein leuchtendes Orange aus Safranfäden, Rot aus getrockneten Kermesläusen, Blau aus der Schale des Granatapfels, Pink aus der Koschenille-Laus und Purpurviolett, die Farbe der Könige, aus dem Panzer der Stachelschnecke.

ZIMMERLEUTE

So wird in der Bibel jeder Handwerker genannt, der mit Holz zu tun hat. Als Halbnomaden hatten die Israeliten nicht viel Erfahrung mit der Holzbearbeitung. Die Zimmerleute des Alten Testaments fertigten vor allem einfache Werkzeuge für die Landwirtschaft, einfache Möbel und andere Gebrauchsgegenstände. Sie stellten auch Deckenbalken und Türen für den Hausbau her.

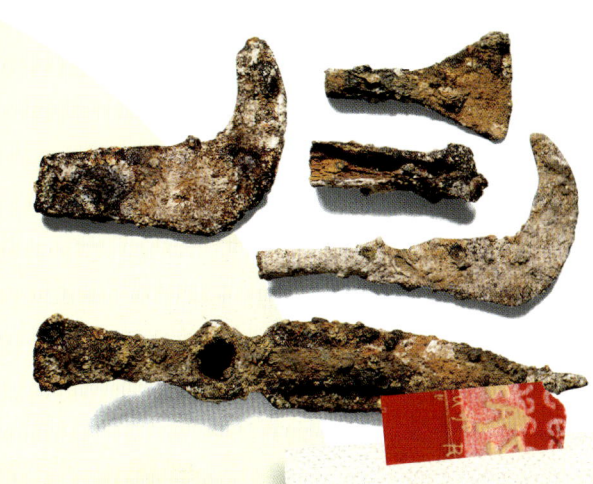

SCHMIED

Er stellte Messer und Pflüge aus Eisen oder Kupfer her. Kupfer ist leichter zu bearbeiten, aber nicht so hart wie Eisen. Allerdings ist es nicht einfach, Eisen zu verarbeiten, weil man dazu sehr hohe Temperaturen braucht, um das Eisenerz zu schmelzen. Als Brennstoff verwendeten die Schmiede Holzkohle, die sie selbst herstellten. Eisenerz wurde in Jordanien abgebaut. Das beste Eisen, das für die Herstellung von Waffen gebraucht wurde, kam aus Indien. Die angesehensten Handwerker waren diejenigen, die Schmuck und andere kunstvolle Ziergegenstände herstellen konnten.

125

HANDEL

Im Volk Israel war die Landwirtschaft die Grundlage des Handels: Die Bauern brachten Getreide, Olivenöl, Trauben, Feigen und Datteln auf den Markt und tauschten sie bei Handwerkern gegen Gebrauchsgegenstände wie Krüge, Becher, Messer, Kleider oder Schuhe ein. Die Preise waren selten endgültig; für jeden Artikel musste man lange verhandeln. Arabische Händler brachten mit ihren Karawanen erlesene Gewürze und Duftharze ins Land. Aber auch Eisenerz, Edelmetalle, Glaswaren und Bauholz mussten aus dem Ausland eingeführt werden.

GELD

Die Kanaaniter verwendeten Silber als Zahlungsmittel, und zwar in Form runder Barren oder Ringe (Genesis 20,16). Münzen kamen erst sehr viel später in Umlauf: Sie wurden nach der Eroberung durch die Griechen im Jahr 332 v. Chr eingeführt.

MASSE UND GEWICHTE

Die Längenmaße richteten sich nach dem menschlichen Körper. Eine Elle entsprach zum Beispiel der Länge des Unterarms eines Mannes, also etwa 45 cm. Es gab unterschiedliche Maße für Flüssigkeiten oder feste Stoffe: das „Bat" für Öl und Wein, das „Efa" für Getreide. 10 Efa ergaben ein „Homer", also die Menge, die ein Esel tragen konnte.

ESEL

Sie waren die „Lastwagen" der Antike. Wegen des schlechten Zustands der Straßen konnten Karren nur auf ganz kurzen Strecken eingesetzt werden. Ein Esel dagegen konnte große Lasten tragen und kam trotzdem auch in schwierigem Gelände gut voran. Die Last, die ein Esel tragen konnte, gab einem Gewicht den Namen: der „Homer".

KARAWANE

Kamelkarawanen holten Waren aus weit entfernten Ländern in den Mittelmeerraum. Die meisten Karawanen, die im Alten Testament erwähnt werden, gehörten arabischen Kaufleuten. Sie brachten Weihrauch, Myrrhe und Narde mit, aber auch Seide, Baumwollstoffe aus China und Indien. Ihre langen Reisen waren oft mühsam und gefährlich, denn die Wege waren schlecht und immer wieder lauerten ihnen Räuber auf. Die Karawanen benutzten deshalb feste Routen. Zu diesen Karawanenstraßen gehörte auch die berühmte „Seidenstraße". Dort konnten sich die einzelnen Gruppen zum Schutz zusammenschließen. Entlang diesen Handelsrouten entstanden so genannte „Karawansereien". In diesen Herbergen konnten die Kaufleute mit ihren Tieren Rast machen.

HANDELSSCHIFFE

Die Phönizier waren die berühmtesten Seefahrer des Mittelmeeres und beherrschten auch den Handel zur See fast vollständig. Ihre Handelsschiffe waren kurz, breit und mit einem quadratischen Segel an einem einzigen Mast ausgestattet.

DAS LAND, IN DEM JESUS LEBTE

Heutzutage ist es nicht schwierig, genaue Angaben über das Leben eines Menschen zu bekommen. Wer über Geburt, Kindheit, Ausbildung, Beruf oder Familie eines berühmten Menschen etwas erfahren möchte, kann in Archiven oder auf Internetseiten nachforschen. Was Jesus anbetrifft, ist das nicht so einfach. Alles, was wir über sein Leben wissen, stammt aus den Evangelien. Aber die Evangelisten haben Jesus nicht mehr persönlich gekannt. Sie waren auf das angewiesen, was sich seine Anhänger über ihn erzählten. Aber weil wir ungefähr wissen, wie die Menschen vor 2000 Jahren in Palästina gelebt haben, können wir einiges darüber sagen, wie das Leben von Jesus in Galiläa wohl aus-gesehen haben könnte.

HAT JESUS WIRKLICH GE

Es gibt Leute, die sagen, Jesus sind sich heute darüber einig, dass schreibern, die keine Anhänger von „Um diese Zeit lebte Jesus, ein Mensch Der römische Schriftsteller Tacitus der unter Tiberius von Pontius Pilatus Kaiser Trajan über die Christen: „Sie als ihrem Gott …" Diese Notizen

Innenraum
eines Hauses
zur Zeit
Jesu

...wäre nur eine Erfindung der ersten Christen. Aber auch die Geschichtswissenschaftler
...Jesus tatsächlich gelebt hat. Denn es gibt auch Hinweise auf sein Leben bei Geschichts-
...Jesus waren. Einer von ihnen ist der Jude Flavius Josephus. Er schreibt 94 n. Chr.:
...voll Weisheit. Er tat ganz unglaubliche Dinge ... Er war der Christus."
...berichtet 120 n. Chr. über die „Christiani": „ ... dieser Name stammt von Christus,
...hingerichtet worden war." Der römische Statthalter Plinius der Jüngere meldet an den
...versammeln sich an einem bestimmten Tag vor Sonnenaufgang und lobsingen Christus
...beweisen, dass Jesus tatsächlich gelebt und unter Pontius Pilatus gestorben ist.

DER JUNGE JESUS

Aus den Evangelien erfahren wir, dass Jesus in Galiläa in einem kleinen Dorf namens Nazaret aufgewachsen ist. Er hatte jüdische Eltern, den Bauhandwerker Josef und seine Frau Mirjam (Maria). Jesus war damals ein häufiger jüdischer Name gewesen. Er ist die griechische Form des Namens Josua, gesprochen wurde er Jeschua oder Jehoschua. Wie die meisten Leute wohnte die Familie vermutlich in einer Wohnhöhle gemeinsam mit den Tieren.

Als jüdischer Junge hat Jesus sicher von seinen Eltern Lesen und Schreiben sowie Hebräisch, die Sprache der Bibel, gelernt. In den Familien sprach man aramäisch. Später besuchte er wie alle Jungen die Schule in der Synagoge. Er wird das Hand-werk seines Vaters gelernt und ausgeübt haben, der „Zimmermann" war. Die Zimmerleute in Nazaret waren genau genommen Bauhandwerker (Markus 6,3). Sie waren für den gesamten Bau eines Hauses oder eines Brunnens zuständig, nicht nur für die Herstellung von Dachstühlen, Möbeln oder Geräten.

CHE. 98

Wohninsel in Kafarnaum

GALILÄA: DIE HEIMAT JESU

In Galiläa verbrachte Jesus den größten Teil seines Lebens. Diese Landschaft westlich des Sees Gennesaret ist auch heute noch das fruchtbarste Gebiet von Israel, reich an Weizen- und Baumwollfeldern, Obstplantagen mit Feigen und Datteln, Olivengärten und Weinbergen. Die Menschen verdienten ihren Lebensunterhalt als Bauern und Bäuerinnen, Handwerker oder am See Gennesaret als Fischer. Sie ernährten sich einfach: Brot war die Hauptspeise, dazu gab es Gemüse oder Fisch. Fleisch war sehr teuer und stand deshalb nur bei besonderen Gelegenheiten auf dem Tisch. Wasser, Milch und Wein waren die üblichen Getränke, die oft mit Wasser vermischt wurden. Gemeinsames Essen war ein Ausdruck von Freundschaft – und Gastfreundschaft war sehr wichtig. Die jüdischen Essensgesetze besagten aber, dass Juden nicht mit Nichtjuden zusammen essen durften. Das war in Galiläa oft nicht einfach, da die Bevölkerung nicht rein jüdisch war. Aber Jesus setzte sich gerne mit jedermann zum Essen zusammen, auch wenn er sich damit den Ärger der Frommen zuzog. Für gesetzestreue Juden galt Galiläa auch als heidnisches und verachtetes Gebiet. Außerdem gab es dort häufig politische Unruhen. Für Rebellen bot das galiläische Bergland viele geeignete Verstecke.

MITTELMEER

Ptolemais

Sykaminum

Berg Karmel

Kischon

Geba

Dora

Cäsarea

Galiläa zur Zeit jesu

Verklärung Jesu?
(Mt 17,1-13)

Hermon-
Gebirge

Cäsarea Philippi

T Y R U S

Dan

Erhörung der Bitte einer
Syro-Phönizierin (Mk 7,24-30)

Petrus bekennt, dass
Jesus der Messias ist
(Mt 16,13-20)

Hula See

O B E R
G A L I L Ä A

Gischala

Das Gericht über die galiläischen
Städte (Mt 11,20)

Chorazin

Kafarnaum   Betsaida-Julias

U N T E R
G A L I L Ä A

Jesu erstes Auftreten in
Galiläa und Berufung der
ersten Jünger (Mt 4,13-22)

Hörner von Hattin   Gennesaret

tapata   Kana   Arbela   Magdala   ? Gergesa

SEE
GENNESARET

Jesus verwandelt Wasser
in Wein während
einer Hochzeit
(Joh 2,1-11)

Tiberias   Hippos

phoris

g Jesu in
mat (Lk 4,28-30)   Sennabris   Jarmuk

Nazaret
klärung Jesu?
Mt 17,1-13)   Philoteria

Nain   Gadara

Berg
Tabor

Auferweckung eines jungen
Mannes in Nain (Lk 7,11-17)

DRAELON

Jordan

Jesus heilt einen
Taubstummen
(Lk 7,31-37)

Esdraelon   137

20 km

12 Meilen   Skythopolis   D E K A P O L I S

DER SEE GENNESARET

Der See Gennesaret ist umgeben von Hügeln, die wie ein Tunnel wirken und heftige Stürme erzeugen können. Doch weil der See voller Fische und das Umland sehr fruchtbar ist, wurden zahlreiche Städte an seinem Ufer gebaut. Heute finden wir die Ruinen von zwölf Städten aus der Zeit von Jesus. Dazu gehört Kafarnaum. Diese Stadt lag an der Via Maris, der wichtigsten internationalen Handelsstraße in römischer Zeit. Kafarnaum war ein Handelszentrum und besaß eine wichtige Zollstation. Der Ort wurde für Jesus zur zweiten Heimat. Rund um den See Gennesaret – auch See von Tiberias oder Meer von Galiläa genannt – wirkte Jesus als Wanderprediger und rief Männer und Frauen zu sich als seine Jünger und Jüngerinnen.

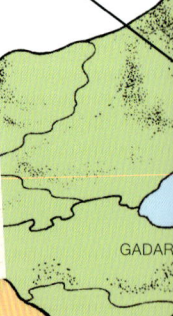

Die Residenz de
Herodes Antipa

Sturm auf dem See

GADAR

Fischer am See Gennesaret

Der See
Gennesaret
von Gerasa
her gesehen

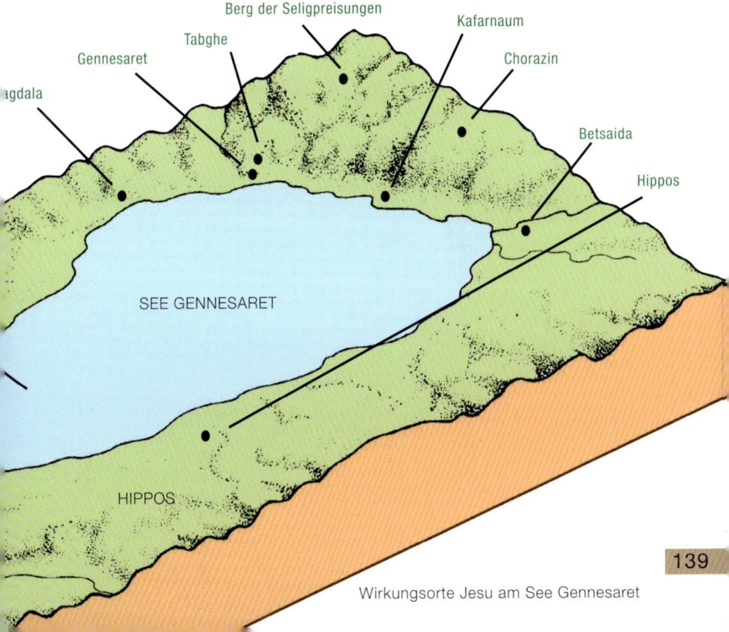

agdala

Gennesaret

Tabghe

Berg der Seligpreisungen

Kafarnaum

Chorazin

Betsaida

Hippos

SEE GENNESARET

HIPPOS

139

Wirkungsorte Jesu am See Gennesaret

ALLTAGSLEBEN ZUR ZEIT JESU

In den Evangelien erscheint Jesus als ein Mensch, der mit offenen Augen und Ohren durch die Welt geht. Besonders in seinen Gleichnissen wird deutlich, dass er den Alltag der kleinen Leute im Land ganz genau kannte und um ihre Sorgen und Nöte wusste. Jesus versteht es, im Alltäglichen Bilder und Gleichnisse für das Wirken Gottes in der Welt zu erkennen und seinen Zuhörern nahezubringen. Darum erfahren wir aus den Geschichten von Jesus auch viel über das Leben der Menschen vor zweitausend Jahren.

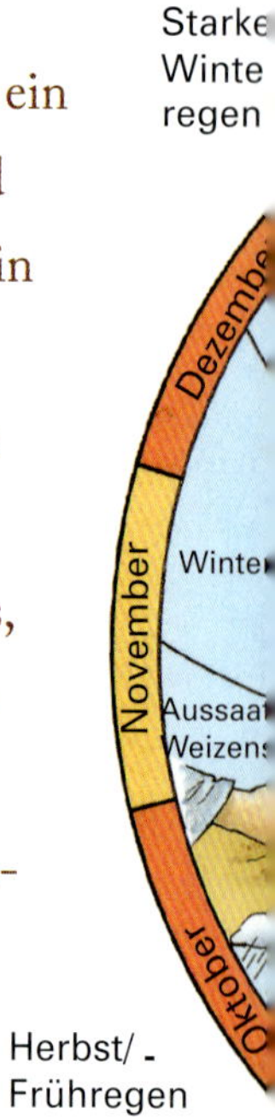

Starke
Winte
regen
Dezembe
November
Winte
Aussaa
Weizens
Oktober
Herbst/
Frühregen

BAUERN

Jeden Tag auße
Weingärten und Olive
Erntezeit bauten sic
abend, dem Beginn de
besitzern in der Stad

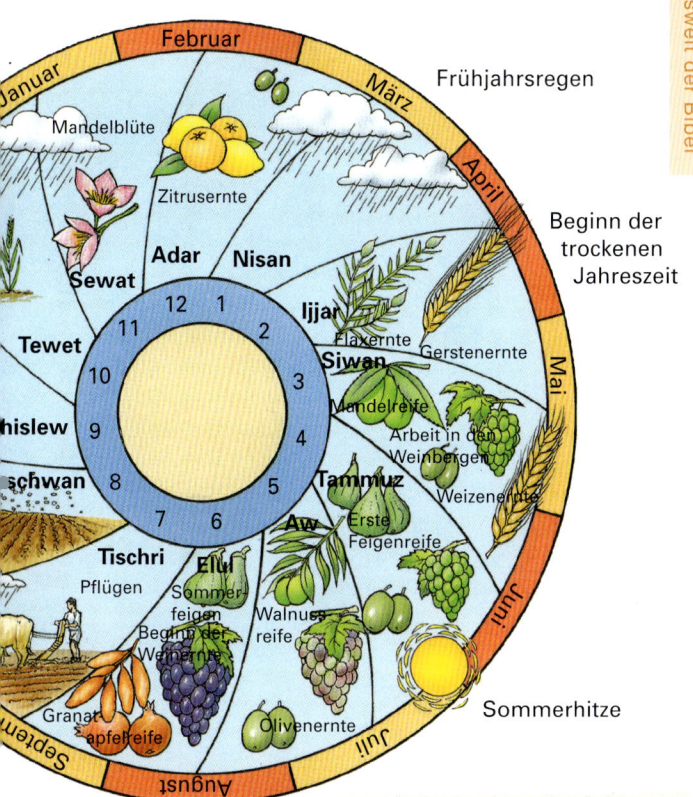

Frühjahrsregen

Beginn der trockenen Jahreszeit

Sommerhitze

Januar · Februar · März · April · Mai · Juni · Juli · August · September

Mandelblüte
Zitrusernte
Sewat
Adar
Nisan
Tewet
Ijjar
Flaxernte
Gerstenernte
Siwan
hislew
Mandelreife
Arbeit in den Weinbergen
schwan
Tammuz
Weizenernte
Tischri
Aw
Erste Feigenreife
Elul
Pflügen
Sommerfeigen
Beginn der Weinernte
Walnussreife
Granatapfelreife
Olivenernte

11 12 1 2 3 4 5 6 7 8 9 10

n Sabbat gingen die Bauern früh am Morgen zu ihren Weizen- und Haferfeldern, in ihre
aine. Etwa fünf Hektar Land bewirtschaftete jede Familie. Besonders während der Saat- und
ele Bauern kleine Hütten auf ihren Feldern und wohnten dort von Sonntagmorgen bis Freitag-
abbats. Manche Bauern hatten kein eigenes Stück Land. Sie mussten Felder von Land-
achten oder als Tagelöhner auf einem Gutshof arbeiten, wenn sie für eine Pacht zu arm waren.

Rekonstruktion eines israelitischen Wohnhauses aus dem 8. Jh. v. Chr. Als Baumaterial wurden vor allem Steine oder Lehmziegel verwendet. Da Holz Mangelware war, wurde es lediglich in Form von Decken- und Dachbalken verwendet. Neben Ställen für die Haustiere und kleineren Wohnräumen gab es einen Gemeinschaftsraum (im Vordergrund). Das zweite Stockwerk, in dem sich wahrscheinlich die Schlafräume befanden, und das Dach erreichte man jeweils durch eine Leiter. Wenn im Sommer die Hitze in der Nacht im Hause unerträglich wurde, schlief man auch auf dem Dach. Solch ein Haus dürfte wohl eher einem wohlhabenden Bürger gehört haben und war wohl in dieser Art in vielen israelitischen Siedlungen anzutreffen. In Kafarnaum in Galiläa sind Mietshäuser (Insulae) entdeckt worden, die zur Zeit Jesu von mehreren Parteien bewohnt gewesen sein dürften.

Getreidemühle und Backofen

HAUSTIERE

Für eine Bauersfamilie waren eigene Tiere dringend nötig. Sie brauchte einen Esel oder ein Maultier, um auf den holprigen Straßen ihre Arbeitsgeräte oder die Ernte zu transportieren. Zusammen mit dem Ochsen, der den Pflug zog, und den Kühen, die Milch gaben, waren sie in Ställen nahe beim Haus untergebracht, wo auch die Hühner frei herumliefen. Schafe und Ziegen dagegen wurden am Rand des Dorfes auf eingezäunten Landstücken gehalten. Ihr Fleisch kam nur an Festtagen auf den Tisch.

HIRTEN

In Galiläa, der Heimat von Jesus, wurde Land, auf dem nichts angebaut werden konnte, den Schafherden überlassen. Diese Flächen waren oft ein wichtiger und wertvoller Teil des Familienbesitzes. Meist waren die jüngeren Familienmitglieder für das Hüten von Schafen und Ziegen zuständig. Obwohl die Hirten in alter Zeit durchaus geachtet waren, standen sie bei manchen Zeitgenossen von Jesus nicht in hohem Ansehen, weil sie sich nicht wie die frommen Juden dem täglichen Studium der Heiligen Schriften widmen konnten. Deshalb sahen viele Gebildete auf die Hirten herab, die oft nicht lesen oder schreiben konnten.

Der gute Hirte von al-Minah, byzantinische Statue

KORNMÜHLE

Weizen oder Mais wurden jeden Tag genau in der Menge gemahlen, die man für das „tägliche Brot", also für die Brotmenge eines Tages, brauchte. Ungefähr acht Kilo Mehl konnten in einer Stunde durch eine mannshohe Mühle mit großen Steinen gemahlen werden. Das Korn wurde von oben in den Mahlstein eingefüllt, auf dem Bodenstein durch das Drehen des Mahlsteins zu Mehl zerrieben und lief in einen Trog. Das Drehen des Mühlsteins übernahmen meist Esel. Es gab aber auch kleiner Mahlsteine, die von Hand im Sitzen bedient wurden. Mit ihnen konnte man in einer Stunde ein knappes Kilo Mehl mahlen.

143

Mann an der Olivenpresse

OLIVENPRESSE

Aus den im Hain geernteten Oliven gewann man in Pressen das begehrte Olivenöl. Im ersten Schritt wurden die Oliven in einer besonderen Mühle zerschlagen. Diese zerschlagenen Oliven wurden dann in Körbe gelegt, die auf dem Boden der Presse gestapelt wurden. Dann wurde ein mit Steinen beschwerter Balken auf die Körbe abgelassen und das Öl ausgepresst, das in eine Wanne lief, in der die Korbsäule stand. Das Öl wurde oft direkt neben der Presse verkauft. In vielen Dörfern gab es Gemeinschaftspressen. Man bezahlte für die Benutzung mit einem Teil des Öls und zusätzlich für die Überreste vom Zerschlagen, die als Brennstoff verwendet wurden.

Fischer auf dem See Gennesaret

FISCHER

Die Israeliten waren lange Zeit mit der Schifffahrt nicht vertraut. Erst zur Zeit des Neuen Testaments entwickelte sich die Fischerei auf dem See Gennesaret, der reich an Fischen ist. Zwischen Dezember und April können dort die meisten Fische gefangen werden. Die Fischer arbeiten gewöhnlich nachts, wobei Vollmondnächte am besten geeignet sind. Den Geschichten der Evangelien ist zu entnehmen, dass Petrus, Andreas und ihre Freunde Jakobus und Johannes mit verschiedenen Arten von Netzen gearbeitet haben. Das Schleppnetz wurde von zwei Gruppen von Fischern auf zwei Booten benutzt. Sie spannten ein großes Netz zwischen sich aus. Ein Boot schleppte das Netz im Kreis bis zum Ufer. Dann zogen es die beiden Gruppen an Land. Da Boote und große Netze teuer waren, schlossen sich oft einige Fischer zu Genossenschaften zusammen. Doch man konnte auch ohne Boot Fische mit dem Wurfnetz fangen. Es war ungefähr sieben Meter im Durchmesser und wurde von Gewichten am Rand nach unten gezogen. Geübte Fischer falteten es über den Arm und warfen es so geschickt, dass es sich wie ein Fallschirm vollständig öffnete, bevor es ins Wasser fiel. Dann tauchten die Fischer in das Wasser und zogen das Netz vorsichtig an der Unterseite heraus. Die Fische wurden an Kaufleute und Händler verkauft, die sich darauf spezialisiert hatten, die Fische einzupökeln, denn Fisch verdirbt bei den hohen Temperaturen in Galiläa sehr schnell.

Ägyptische Zimmermannswerkzeuge
aus Theben

ZIMMERMANN

Der Zimmermann war zur Zeit von Jesus neben dem Architekten und Baumeister der einzige bezahlte Bauhandwerker auf einer Baustelle. Er erledigte alle fachmännischen Arbeiten beim Hausbau, die der Hausherr selbst nicht ausführen konnte. Zimmermänner machten Türen und Fensterläden, aber sie konnten nicht nur mit Holz, sondern auch mit anderen Baumaterialien gut umgehen.

Rekon-
struktion
einer
Weinkelter

WEINKELTER

Die Frommen im Judäa und Galiläa legten Wert darauf, dass
der Wein, den sie tranken, nach den jüdischen Reinheitsvorschriften
hergestellt war. Ausländischen Wein lehnten sie ab, weil er oft auch den
heidnischen Göttern als Trankopfer dargebracht wurde. Deshalb gab es
auf den Gutshöfen in Galiläa viele Keltern. Dort wurden die Weintrauben
in Becken gefüllt, die in den Boden eingelassen waren. Dann stampften
sie die Arbeiter so lange mit bloßen Füßen, bis der Saft in mehrere tiefer
liegende Becken abfloss. Von dort wurde der Traubenmost in Tonkrügen
gesammelt und mit einem Korken aus Schlamm verschlossen. Man ließ
darin eine kleine Öffnung, damit die Kohlensäure, die bei der Gärung
entstand, entweichen konnte.

GESCHICHTE DER BIBEL

IM GELOBTEN LAND

Im Buch Josua wird beschrieben, wie Josua als Heerführer Israels in das verheißene Land eindringt, es erobert und an die zwölf Stämme verteilt (Josua 1–12). Dabei betont die Bibel immer wieder: Gott ist bei seinem Volk; er führt, unterstützt und beschützt die Israeliten. Wer heute in den biblischen Büchern liest, die über die erste Zeit im Gelobten Land erzählen, ist meist entsetzt, wie oft darin von Gewalt, Verrat, Rache und Mord die Rede ist. Waren die Menschen damals wirklich so grausam? Und handelten sie wirklich im Auftrag Gottes? Historiker und Archäologen sagen: Eine kriegerische Landnahme, einen Vernichtungsfeldzug des Zwölfstämmevolkes Israel hat es in dieser Form wahrscheinlich nie gegeben. Sie weisen darauf hin, dass das Buch Josua während oder nach der Babylonischen Gefangenschaft entstanden ist, also in einer Zeit, in der die Israeliten ihren Feinden völlig ausgeliefert waren. Deshalb klammerten sie sich an ihre Wunschträume von Rache, Vergeltung und eigener Stärke. Das Buch Josua ist keine objektive Reportage, die historisch genau beschreibt, was in der Frühzeit Israels geschah. Das Buch Josua und andere Geschichtsbücher der Bibel wollten vielmehr den Israeliten im Exil Mut machen und ihnen die Hoffnung geben, dass Gott die Macht hat, sein Volk und dessen Land zu beschützen.

Josua

DIE ZWÖLF STÄMME ISRAELS

In der Bibel erscheinen die zwölf Stämme Israels als Nachkommen der zwölf Söhne von Jakob. Im Buch Genesis werden sie an drei Stellen aufgelistet (Genesis 29,31–30,24; Genesis 35,23-26; Genesis 49,1-27):

* Ruben, Simeon, Levi, Juda, Issachar, Sebulon (die Söhne Leas)
* Dan, Naftali (die Söhne Bilhas)
* Gad, Ascher, (die Söhne Silpas)
* Josef, Benjamin (die Söhne Rahels)

Der Priesterstamm Levi erhielt bei der Verteilung des Landes kein eigenes Gebiet, sondern lebte in eigenen Levitenstädten von den Abgaben und Steuern der anderen Stämme. Damit das Land trotzdem in zwölf Gebiete aufgeteilt werden konnte, wurde der Stamm Josef in die Stämme Manasse und Efraim aufgeteilt, die ihren Namen nach den Söhnen Josefs erhielten.

Im Buch Josua wird berichtet, das die eroberten Gebiete in Kanaan durch Losentscheid an die 12 Stämme Israels verteilt wurden. Die Stämme Ruben, Gad und die Hälfte des Stammes Manasse kehrten in das Land östlich des Jordan zurück, das sie bereits früher erobert hatten (Numeri 32,1-42). Danach „warf Josua das Los", um das übrige Land an die restlichen Stämme aufzuteilen. Die Grenzen jedes Gebietes sind im Buch Josua genau beschrieben (Josua 13–19).

Historisch allerdings war es wahrscheinlich so, dass die Bewohner ihren Namen von dem Gebiet übernommen haben, in dem sie sich niedergelassen hatten. So wurden beispielsweise die Bewohner des Gebirges und der Wüste Juda „Judäer" genannt.

Karte mit der Aufteilung der zwölf Stämme Israels

G R O S S E S   M E E R

(MITTELMEER)

Tyrus

DAN
Dan (Laisch)

Kedesch

ASCHER

NAFTALI

Golan

SEBULON

See
Gennesaret

Schimron

Endor

MANASSE

Megiddo

ISSACHAR

Ramot-Gilead

M A N A S S E

Jordan

Sichem

Sukkot

Bet-Dagon

EFRAIM

Schiloa

G A D

DAN

Gibea

BENJAMIN

Jericho

Jebus (Jerusalem)

Heschbon

Bezer

J U D A

RUBEN

Gaza

Hebron

Salz-See

Beerscheba

M O A B

SIMEON

Bach von Ägypten

E D O M

0   25   50 km

0   30 Mellen

Wahrscheinliche Siedlungsgebiete der Stämme Israels
Möglicher Einwanderungsweg des Stammes Dan
Zufluchtsorte

DIE STÄDTE KANAANS

Zur Zeit des Alten Testaments gab es in Israel keine großen Städte. Selbst die Hauptstadt Jerusalem war lange Zeit nur ein kleines Bergnest mit wenigen tausend Einwohnern. Städtisch geprägt war dagegen die Küstenebene, wo kanaanäische Völker wie Philister oder Phönizier lebten. In den kanaanäischen Stadtstaaten herrschten ein König und reiche Adelige. Sie hatten das alleinige Sagen. Der König verwaltete die Stadt, die als Wohnort einer Gottheit galt. Der reichen Oberschicht gehörte das Land ringsum. Daneben gab es eine kleine Mittelschicht von Beamten und Kaufleuten, die im Dienst der Adeligen standen. Die meisten Menschen aber mussten für den Staat arbeiten oder im Krieg als Fußsoldaten dienen. Mehrere dieser Unterschicht-Kanaanäer haben sich wahrscheinlich aus der Unterdrückung durch den König und die Reichen befreit und haben sich in die Berge und die Wälder abgesetzt. Durch diesen „Exodus aus dem Sklavenhaus" waren die kanaanäischen Stadtkönigtümer tatsächlich in der Frühzeit Israels im Niedergang begriffen.

DAS VOLK ISRAEL

Im Buch Josua wird erzählt, wie auf dem Landtag zu Sichem alle Stämme Israels den Bund mit Jahwe schlossen und sich verpflichteten, nach seinen Weisungen zu leben. Historisch dürfte es so gewesen sein, dass sich der Gruppe, die von Mose aus Ägypten geführt worden war, auch andere Gruppen angeschlossen haben, die sich aus der Macht der Städtkönige und adligen Großgrundbesitzer befreien wollten. Auch sie übernahmen den Glauben an den rettenden Exodus-Gott Jahwe. Allmählich wuchsen diese Gruppen zusammen zu einem neuen Volk von freien und gleichberechtigten Menschen, die an den einen Gott glaubten, der sie aus der Sklaverei befreit hatte. Diesem Gott – so hatten sie es erlebt – verdankten sie den Besitz des Landes. Deshalb sollte der Gott Abrahams, Isaaks und Jakobs allein ihr König sein, nur ihm wollten sie dienen. In Erinnerung an ihre eigene Sklavenzeit versprachen sie, weder das Land noch seine Menschen auszubeuten. So waren aus umherziehenden Fremdlingen und geflüchteten Landlosen nun sesshafte Landbesitzer geworden, die Viehzucht und Ackerbau betrieben.

Ein Bauer in Samaria pflügt mit einem Holzpflug.

Weidende Schafe

DIE ZEIT DER RICHTER

Nach dem Tod von Mose und Josua geht es mit dem Volk Israel rasch bergab. Angezogen von der Religion Kanaans, vergaßen die Israeliten bald, was sie ihrem Gott alles verdankten. Sie unterschieden sich kaum noch von den Völkern in ihrer Umgebung. Aber die Bibel berichtet, dass Gott sie nicht aufgab. Das Buch der Richter schildert, wie Gott seinem Volk in seiner Liebe immer wieder Anführer sandte, um sie zu retten. Bald danach fingen die Stämme Israels aber wieder an zu tun, „was dem Herrn missfiel". Dieser Kreislauf von

Der Richter Simson und seine Geliebte Delila gehören zu den bekanntesten Gestalten des Alten Testaments.

Ungehorsam, Not und Rettung wiederholte sich über viele Generationen.

RICHTER

Im Buch der Richter wird die Zeit beschrieben, in der es noch keine Könige in Israel gibt. In dieser Zeit führen die Richter die Israeliten an und retten das Volk aus Notsituationen. Die Bibel erzählt, dass die Richter von Gott ausgewählt und den Israeliten zu Hilfe geschickt werden. Sie werden in „kleine" und „große" Richter unterschieden, insgesamt zwölf an der Zahl. Zu den großen Richtern gehören Otniël, Ehud, Schamgar, Debora, Gideon, Jiftach und Simson, deren Taten ausführlich berichtet werden. Von den kleinen Richtern ist nicht viel mehr als ihr Name bekannt (Tola, Jaïr, Ibzan, Elon, Abdon; Richter 10,1-5; 12,8-15). Die Zeit der Richter wird in der Bibel dargestellt als eine Zeit, in der das Volk Israel immer wieder ungehorsam ist und Gott zur Strafe Feinde über die Israeliten kommen lässt. In der Not bereut Israel, fleht um Hilfe und wird von Gott gerettet. Die Erzählungen im Richterbuch wollen nicht die Geschichte Israels in seiner Frühzeit beschreiben, sondern in immer neuen Beispielen Israels sündiges Verhalten und Gottes helfendes Eingreifen deutlich machen.

Zu den bekanntesten Richtern gehört Simson. Er bekommt von Gott übermenschliche Kräfte verliehen und kann so einen „Einmannkrieg" gegen die Philister führen (Richter 13,1-16.31). Als er jedoch törichterweise der schönen Delila das Geheimnis seiner Stärke verraten hat, fangen ihn die Philister und berauben ihn seiner Kräfte, indem sie ihm seine langen Haare abschneiden. Durch eine letzte Bitte an Israels Gott kehrt Simsons Stärke noch einmal zurück, während sich die Philister im Dagon-Tempel über ihn lustig machen. Simson reißt die Säulen des Tempels um, bringt das ganze Gebäude zum Einsturz und nimmt so Tausende Philister mit in den Tod.

DIE GÖTTER KANAANS

Als Hauptgegner Israels zur Zeit der Richter werden die Kanaanäer geschildert. Für die Bibel geht die größte Bedrohung dabei von der Religion Kanaans aus. Dort wurden die Naturgewalten als Götter vorgestellt und angebetet. Baal, der Sohn von El (dem obersten Gott), war der Fruchtbarkeits- und Wettergott, der oft auf einem Stier und mit einem Blitzspeer in der Hand dargestellt wurde. Diese beiden Götter wurden zusammen mit den Göttinnen Aschera (der Gemahlin des El) und Astarte (der Gattin Baals) verehrt. Sie sollten eine reiche Ernte und großen Viehreichtum bescheren. Der Kult der Kanaanäer scheint auch bei den Israeliten über viele Jahrhunderte beliebt gewesen zu sein. Der Bibel gilt die Verehrung der kanaanäischen Götter aber als Treuebruch gegenüber Jahwe. Dort wird verlangt, diesen Götzen abzuschwören und ihre Kultbilder und -orte zu zerstören.

Darstellung einer schlagenden Gottheit mit der Donnerkeule und einem Blitzspeer. Ugarit, 14. Jh. v. Chr.

DIE KÖNIGE ISRAELS

In der Zeit der Richter werden die Stämme Israels immer wieder von ihren Feinden bedroht. Um mit ihren Nachbarn gleichzuziehen, bedrängen die Israeliten den Propheten Samuel, einen König für sie zu ernennen. Obwohl Samuel ihnen zu bedenken gibt, dass ein König die Freiheit seiner Untertanen einschränken und sie durch Steuern und Abgaben ärmer machen wird, beharrt das Volk auf seinem Wunsch. Schließlich ernennt Samuel gegen seine eigene Überzeugung den jungen Saul zum ersten König Israels. Nach anfänglichen militärischen Erfolgen erweist sich das Königtum in Israel nicht nur als Segen, sondern auch als Fluch. Aus den Schilderungen der Bibel wird deutlich, dass die Meinungen über das Königtum geteilt waren. Die einen loben, das Großreich habe viel Gutes gebracht. Die anderen tadeln, mit ihrem Machtstreben hätten die Könige dem Gott Israels die Treue gebrochen. Tatsache ist, dass es ein gemein-

sames Königreich
der zwölf Stämme
Israels nur für
eine kurze Zeit-
spanne gab.

Israel zur Königszeit

HAMAT	
Lebo-Hamat	
GROSSES MEER	
PHÖNIZIEN	
ARAM (SYRIEN)	
Damaskus	
Sidon	
Tyrus	Dan
Kedesch	
Akko	Kinneret
GESCHUR	
See von Kinneret	
Dor	Megiddo
Taanach	Bet-Schean
Ramot-Gilead	
Schechem	
ISRAEL	
Jordan	
Joppe	
Geser	AMMON
Aschdod	Rabbat-Bene-Ammon
Aschkelon	Gat
Jerusalem	Medeba
Gaza	
Hebron	
JUDA	Salz-See
Beerscheba	
Königsweg	
Bach von Ägypten	Zoar
MOAB	
Tamar	
Kadesch-Barnea	
EDOM	
Ezion-Geber	

0	25	50	75 Km
0	15	30	45 Meilen

Gebiet von Juda und Israel
Vassalenstaaten
Eroberte Gebiete

161

DIE PHILISTER

Das kriegerische Seefahrervolk der Philister bewohnte die Südküste Kanaans und verwickelte das Volk Israel immer wieder in Kriege. Die Israeliten werden von den Philistern im Kampf besiegt, weil diese über die besseren Waffen und Streitwagen verfügen. Die Philister beherrschten nämlich die Herstellung von Eisen, das wegen seiner Härte und Dauerhaftigkeit Bronze überlegen war. In Israel musste man dagegen immer noch rückständige Werkzeuge und Waffen aus Stein und Bronze benutzen. Die Bibel erzählt, dass die Philister den Israeliten keine Eisenwaffen überließen und Wucherpreise für Pflugscharen, Äxte oder Sicheln nahmen. Das Volk Israel verlangte deshalb nach einem König als militärischem Führer, der die Philister besiegen sollte. Schließlich gelang es König David, sich gegen die Philister durchzusetzen.

Israelitischer König in Kampfausrüstung

DIE ERSTEN KÖNIGE ISRAELS

Der erste König, der zum Oberhaupt des Zwölf-Stämme-Volkes ernannt wurde, war Saul. Ihm folgten sein Rivale David und dessen Sohn Salomo nach. Die Bibel sieht im König einen Stellvertreter Jahwes, der sich für sein Volk vor Gott verantworten muss. Einzelne Lieder preisen den König als Sohn Gottes, der in Jahwes Auftrag über die Feinde herrschen wird (Psalm 2; 110). Andere Texte heben stärker die Verantwortung des Königs für Gerechtigkeit und das Recht der Armen im Land hervor (Psalm 72). Aus der Sicht von Geschichtswissenschaftlern heute muss man sich Saul und David allerdings eher als „Stammeshäuptlinge" vorstellen, denn sie besaßen noch keinen eigenen Königspalast und hatten keine königlichen Priester und Beamte. König Salomo ließ deshalb einen Palast und einen großen Tempel bauen. Dafür musste er seine Untertanen ausbeuten und für sich arbeiten lassen. Das führte schließlich dazu, dass das Reich nach seinem Tod in zwei Teile zerfiel.

DAS GETEILTE KÖNIGREICH

Salomo hatte ein großes Königreich aufgebaut. Aber er hatte auch den Weg zu dessen Untergang geebnet. Denn seinen Reichtum verdankte Salomo auch den hohen Steuern, die sein Volk zahlen musste, damit sich ihr König einen aufwendigen Lebensstil und gewaltige Bauprojekte leisten konnte. Die Bibel wendet sich außerdem gegen seine zahlreichen ausländischen Ehefrauen, die das Herz des alternden Königs für ihre heidnischen Götter gewannen. Deshalb kündigt der Gott Israels ihm an, dass Salomos riesiges Reich keinen Bestand haben wird. Nach seinem Tod versuchten die Nordstämme mit Salomos Sohn über niedrigere Steuern zu verhandeln. Über diesem Streit brach das Großreich Israel auseinander.

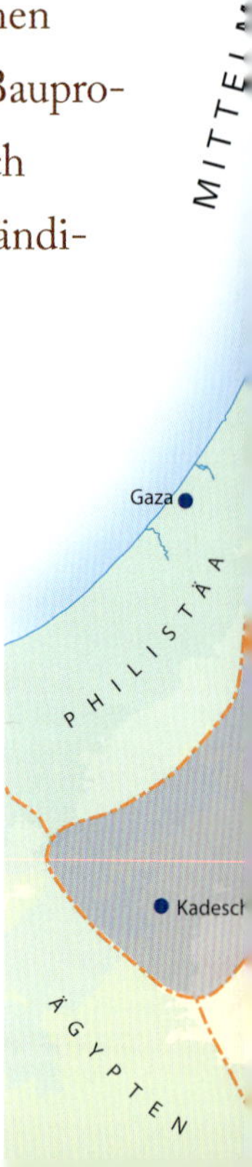

MITTEL...

Gaza

PHILISTÄA

Kadesch

ÄGYPTEN

Das geteilte Königreich

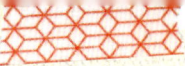

DAS NORDREICH ISRAEL

Die zehn nördlichen Stämme rebellierten nach dem Tod von Salomo gegen die strenge Herrschaft seines Sohnes Rehabeam. Sie setzten Jerobeam zum König über das Nordreich Israel ein. Er machte zunächst Sichem zur Hauptstadt des Nordens (1 Könige 12,25). 50 Jahre später wurde Samaria von König Omri zur neuen Hauptstadt bestimmt, da es von ähnlicher Größe und Bedeutung wie Jerusalem war. Damit die Menschen im Norden nicht mehr den Tempel in Jerusalem besuchen mussten, das ja jetzt im Ausland lag, ließ König Jerobeam in Bet-El und Dan zwei Heiligtümer mit goldenen Stierbildern errichten. Die Bibel sieht darin einen „Götzendienst", den sie auch „Jerobeams Sünde" nennt. Im Jahr 722 v. Chr. ging das Nordreich Israel unter dem Ansturm der Assyrer unter. Viele seiner Bewohner wurden getötet oder verschleppt.

Sidon

Damaskus

Tyrus

Dan

PHÖNIZIEN

ARAM (SYRIEN)

Hazor

Akko

GESCHUR

See
Gennesaret

Schunem

Megiddo

Bet-Schean

Ramot-Gilead

I S R A E L

Samaria

Sichem

Penuël

Schilo

AMMON

Jordan

Ajalon

Bet-El

Rabba-Bene-Ammon

Gibeon

Jerusalem

Totes
Meer

Hebron

U D A

Kir-Moab

M O A B

E D O M

| 0 | | 50 km |
| 0 | | 30 Meilen |

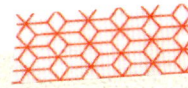

DAS SÜDREICH JUDA

Rehabeams Königreich umfasste nur noch die beiden Stämme Juda und Simeon. Allerdings war Juda mit seiner Hauptstadt Jerusalem und dem Tempel dort für das religiöse Leben wichtiger als das Nordreich Israel. Im Südreich hatte sich das Königshaus David bis 587 v. Chr. halten können. Damit existierte Juda viel länger als Israel. Das hing auch mit seiner abgelegenen Lage in den Bergen zusammen. Später allerdings fiel auch das Südreich in Feindeshand und wurde nach mehrfachen Belagerungen von den Babyloniern erobert. Sie zerstörten Jerusalem samt dem Tempel und führten die Oberschicht, die königliche Familie, die Priesterschaft und die Handwerker weg in die so genannte „Babylonische Gefangenschaft".

Durchblick vom Haremshof zum
Haupteingang des Königspalasts
Nebukadnezzars II.,
Rekonstruktion, Babylon, Irak

JERUSALEM ZUR KÖNIGSZEIT

Als die Israeliten ins Land Kanaan kamen, war Jerusalem nicht viel mehr als eine kleine Stadt in den Bergen. Sie war so unbedeutend, dass Josua sich nicht damit aufhielt, Jerusalem zu besetzen. So bleibt die Stadt in der Hand der Jebusiter, bis sie von König David erobert wird. Erst David erkennt die Vorzüge Jerusalems: Wegen ihrer herausgehobenen Lage kann sie leicht verteidigt werden und sie hat eine eigene Quelle, die die Wasserversorgung sichert. Außerdem liegt Jerusalem genau im Zentrum zwischen den Nord- und den Südstämmen. Deshalb macht David Jerusalem zu seiner Hauptstadt.

JERUSALEM

(kanaanitisch „Uruschalem", was soviel wie „Gründung des [Gottes] Salem" bedeutet. Heute wird die Stadt auf Hebräisch „Jeruschalajim" genannt, was oft auch mit „Stadt des Friedens" übersetzt wird. Die Stadt Jerusalem liegt 750 m über dem Meeresspiegel, am Rand der Wüste Juda. Im Süden und Westen der Stadt befindet sich das Hinnomtal, im Osten das Kidrontal. Zu biblischen Zeiten wurde die Stadt über die Gihonquelle im Kidrontal mit Wasser versorgt. Der Ort ist schon seit dem dritten Jahrtausend v. Chr. besiedelt. Etwa 1000 v. Chr. erobert David die Stadt und macht sie zur Hauptsitz seiner Herrschaft. Als David die Bundeslade nach Jerusalem bringen lässt (2 Samuel 6,12-16), wird die Davidsstadt auch zum Mittelpunkt des religiösen Lebens in Israel und Juda. Nun wird Jerusalem ehrfurchtsvoll auch die „Heilige Stadt" genannt. König Salomo vergrößert die Stadt Davids (auch „Zion" genannt) nach Norden und macht aus ihr eine bedeutende Metropole. Er lässt seinen Königspalast und den Tempel erbauen. Dieser Teil bildet die „Oberstadt". Sie ist schon von Weitem sichtbar und beeindruckt mit ihren Säulengängen und prächtigen Gebäuden die Jerusalempilger.

Jerusalem zur Zeit Salomos

DER PALAST DES SALOMO

König Salomo lässt in seiner Regierungszeit (um 965–926 v. Chr.) südlich des Tempelbezirks einen prachtvollen Palast errichten. Dieser Palast hatte zwei Innenhöfe. Zum östlichen Innenhof gehörten das so genannte „Libannonwaldhaus", eine Säulenhalle und der Thronsaal. Im westlichen Innenhof lagen die privaten Gemächer des Königs und seines Harems. Mit dreizehn Jahren dauerte seine Bauzeit fast doppelt so lange wie die des Tempels. Durch die zahlreichen Zerstörungen Jerusalems durch seine Feinde ist aber von Salomos Palast nichts mehr erhalten. Bisher hat man bei archäologischen Grabungen, die im Zentrum Jerusalems enorm schwierig sind, auch noch keine Reste der salomonischen Residenz finden können.

DIE PROPHETEN

Ich bin doch kein Prophet, wehrt sich jemand, von dem man verlangt, er solle vorhersagen, was die Zukunft bringt. Sind Propheten so etwas wie Wahrsager, Hellseher? Ja, sie sind Wahrsager, aber nur in dem Sinn, dass sie unbequeme Wahrheiten sagen, auch wenn es ihren Zuhörern nicht passt. Auch Hellseher sind sie, und zwar in dem Sinn, dass sie hellsichtig merken, wo ein Verhalten, eine Lebensweise hinführt. Von Propheten und Prophetinnen und ihren Botschaften wird sowohl im Alten wie im Neuen Testament berichtet. Auch in Jesus sahen seine Zeitgenossen einen Propheten.

Elijas Nachfolger als Prophet im Nordreich Israel war Elischa. Die Geschichten über ihn sind in der Bibel im 2. Buch der Könige nachzulesen.

PROPHET

Das Wort „Prophet" kommt aus dem Griechischen und bedeutet wörtlich übersetzt: „an Stelle von jemandem sprechen". Im Hebräischen heißt ein Prophet „nabi", das bedeutet sowohl Rufer wie Gerufener. Die biblischen Propheten und Prophetinnen wissen sich von Gott gerufen, in seinen Dienst genommen. Sie übernehmen ein schweres Amt. Von einigen der Propheten wie Jeremia oder Jona wird sogar berichtet, dass sie sich bei ihrer Berufung vor der Last dieser Aufgabe fürchten und ihr entfliehen wollen. Denn Propheten nehmen wahr, was die Menschen in ihrem Umkreis nicht wahrhaben wollen. Und was sie wahrnehmen, das sagen sie auch, laut und deutlich, in aller Öffentlichkeit: am Stadttor, auf den Marktplätzen, im Tempel, in den Synagogen.

Manchmal übermitteln sie ihre Botschaft in einer Art Straßentheater: So geht Jesaja nackt, nur bekleidet mit einem Lendenschurz, wie ein Kriegsgefangener durch die Straßen (Jesaja 20,1-4). Jeremia legt sich ein Joch um den Hals (Jeremia 27,1-2). Ezechiel weist in einer Art Hungerstreik auf die kommende Notzeit hin (Ezechiel 4,9-17). Auf diese Weise veranschaulichen die Propheten, was auf das Volk zukommen wird.

Vor dem Exil kritisieren die Propheten in aller Schärfe die Mächtigen, die Könige, Priester, Richter, Beamte, Großgrundbesitzer. Sie treten ein für die Armen und Ausgebeuteten. Das Volk, das sich sorglos in Sicherheit wiegt, warnen sie: Wenn ihr weiterhin die Schwachen unterdrückt, euch von Gott und seinen Weisungen abkehrt, dann wird das Strafgericht über euch kommen und ihr werdet untergehen. Fast immer sträubten sich die Menschen gegen diese Botschaften. Diejenigen, die sie im Namen Gottes überbrachten, wurden angefeindet, verfolgt, eingesperrt, gefoltert, ja getötet.

In der Zeit der Not und Verzweiflung des Exils sind es allerdings genau diese Propheten, die gegen den Trend Worte des Trostes und der Hoffnung auf Heimkehr verkünden. Sie ermutigen zu Umkehr, Besinnung und Neubeginn.

173

בתמוזה אחזו צו ־יזראו לי יזר חיעת שזידה נאמן ציון בושפט
זכרי ושבאו בעז שד ושבר בושעתך דא אזיך מחון ־אוז וך

מזאמר אגל ביא יעבוד פאילגי אשר חביזיתך ותחבזרי בלאגחץ
אשר בחזיתך צו הארזי צאלה זעולם לא תגעור אשר אן בזרף לי
זארו זדחזנצם לגצרת יבלבני לעיעוץ יבצירי זעונדתגי זאולוי
האין כצפר

הצצר אשר אוד גיצזיד בן אמוץ זל יזריאה ־זריצולעך נאזר
באזריות הדצעית עג אורך דז בזז אחזרף ־בראש ־זיידעך זצבא
־צבצזית דבזזרף אתזיד־ ציל הגזיאזך דולצז יצעך רבזף ־־ראן רו
־עד גגצזת אל בצז אלוזח ־יצקוב ־מלדני בדיצזני ־نالצד־ טייהזחזה
־בא ־צזיזיצא זזזה ־דבר יחזזד ־ירר ־ יצך יבתן בן ־בא־איצ־ות
־זגזיצ בש ־צביק הד־רזף תצוזצ אזף אזרב־בות לאזתף זזון־זזיתתא
־זעד־זדדת דלא ־־שא זחר־ קלג ־בזרב ־לזא זלבף עזר מלזחיבף
בזזז בזאצזב לזני תזלי זה באזר זדזד ביא ־־שתל עבזך בזת מזיזיב
לא זזא זאל־תזה ־זזני זללזזזרזז ־בז־זי־ ־־זיאחזז תיצדיבזן

זחלא ארזזן דמצ ־־ דב זלאז־צ־א־זז־־רזתזר־ חזמלא ארזצ ־יזצוזור
אבך־זיק לבדמזגזז תמלזאזי עג זלזאפך לביזידי מזאץ ־שזחזזר זאזיר
־זשזן צבזדזיתם ־־־ ־זח ־אזזך ־־שבן אשי־ יזצזן ־דבזזזדה זזפך
זדעבזלזד דזשזאדזית אזשלזזני תבגב־־יהא־ לבזז בזם זזזזזהזא
ביא־־־ עד ־זאזד־ צב־זת ציל־ לזאה־־ ־זד ־זמזאה־ צל ־ללזל ־ארדז
זדלזן ־זדרבז־ז ־ז שצאתזי ־רזז זל ־דדבבזרצן ־זל ־ל היזדר־ זף
זף דיזת־זי־ה ־בז־צזת זזשאזו־ ־ל־ ־יל בזזזל ־ב־ל ־יל ־אל
צזזוזר ד־ל ־זזיל אזר־זן תדזשיש ־זל ־זד־ל ־שדזרזזת זהזזפזיזף זשד
זד־ף זיזצל דזרזת אזשזק ־־שבך ־זשבר ־זחז־ז שז־ זבזדז־ואז זא
־בצזל אזזל ־ף דבא בז־־־צזזזן זזר־ך זבב־זזיף עבר בזבי

זף זמהדיזן זאיזז בזבזזזי לעזזזיף זארזזו
לא זשזתזזיך ־האזיזן אנז זלזלא ־בזף ־אן אלזת ־זזבזף שד
זזת־ זז־ זשנזזזת דבזבצזרזתזי ־ל־־ זבטזזף לזבתא עד זדה־
זזעזף זדסלזזזתזף בז־י בז־ז־ ־זחז־־ ־ע ־זד־זר בא־

Jesajarolle aus Qumran

DIE BÜCHER DER PROPHETEN

In den Prophetenbüchern der Bibel finden sich Erzählungen über Propheten und Prophetinnen sowie Sprüche, Gedichte und Lieder von Propheten, von deren Schülern und Nachfolgern. All dies wurde aufgeschrieben und gesammelt als Mahnung und als Trost für spätere Zeiten. Die biblischen Prophetenbücher sind nach ihrem Umfang angeordnet. In ihm spiegelt sich aber auch etwas von ihrer Bedeutung wider. Zu den „großen" Propheten zählen Jesaja, Jeremia und Ezechiel. In der katholischen Bibel gehört auch das Buch Baruch dazu. Baruch war mit Jeremia befreundet und sein Schreiber. Als dieser den Tempel nicht mehr betreten durfte, schrieb Baruch in eine Buchrolle, was Jeremia verkündigte, und las sie im Tempel vor. Auch die anderen Propheten haben ihre Botschaften von Gott direkt dem Volk oder den Mächtigen verkündet. Erst später wurden ihre Worte dann von Anhängern und Schülern aufgeschrieben und im Sinne ihrer Lehrer ergänzt. Das Buch Daniel wurde ursprünglich nicht zu den Prophetenbüchern gezählt. Es ist erst in der griechischen Übersetzung des Alten Testaments hier eingeordnet worden. Dann folgt das so genannte „Zwölf-Propheten-Buch". Es heißt so, weil die Bücher der zwölf „kleinen" Propheten hier zusammengestellt sind. Zu ihm gehört etwa das bekannte Buch vom Propheten Jona.

Die großen Propheten der Bibel, nach denen eigene Bücher benannt wurden, wirkten in der Zeit zwischen dem 8. und dem 6. Jahrhundert v. Chr. Sie mussten sich oft gegen die königlichen Hofpropheten behaupten, die für ihre Prophezeiungen bezahlt wurden. Diese Berufspropheten verkündeten in der Regel das, was dem Volk und dem König gefiel und was ihnen selbst Gewinn brachte. Mit solchen Staatspropheten mussten sich die „echten" Propheten wie Jesaja oder Jeremia des Öfteren auseinandersetzen.

JESAJA

(hebräisch „Jahwe rettet"). Dieser wichtigste Prophet der Bibel wirkte im Südreich Juda etwa von 740–700 v. Chr. Jesaja wird im Jerusalemer Tempel berufen und ist mit einer Prophetin verheiratet. Er erlebt die Belagerungen Jerusalems durch die Assyrer und den Untergang des Nordreiches Israel mit. Jesaja kündigt den Untergang Jerusalems an und prophezeit Unheil für Juda und Israel. Er richtet seine Hoffnung ganz darauf, dass Gott seinen Friedenskönig, den Messias, senden wird. Dieser Messias, so weissagt Jesaja, wird ein neues Reich aufbauen (Jesaja 7,10-17). Das Neue Testament sieht diesen Messias mit Jesus Christus gekommen.

JEREMIA

(hebräisch „Jahwe erhöht"). Von 627-587 v. Chr. wirkte im Südreich Jeremia, der auch zu den großen Propheten gezählt wird. Er ist in Anatot geboren und stammt aus einer Priesterfamilie. Jeremia fordert, dass der Gott Baal nicht mehr angebetet werden darf, wenn das Volk seine Zukunft nicht aufs Spiel setzen will. Als er den Königen Gottes Gericht androht und Unheil aus dem Norden durch die Babylonier ankündigt, wird Jeremia verboten, in den Tempel zu kommen oder in der Öffentlichkeit aufzutreten. Deshalb diktiert er seinem Schreiber und Freund Baruch seine Botschaft. Später wird Jeremia verfolgt und gefangen gehalten. Nach der Eroberung Jerusalems flieht er nach Ägypten, wo sich seine Spuren verlieren.

AMOS

(hebräisch „Getragener"). Der Viehzüchter und Feigenpflanzer Amos gehört zu den zwölf kleinen Propheten. Er kommt aus Tekoa, südlich von Betlehem gelegen. Obwohl er also aus dem Südreich stammt, tritt er nach seiner Berufung im Nordreich Israel auf und lässt sich in Bet-El nieder. Dort herrschen unter König Jerobeam II. Wohlstand und Frieden – zumindest für einige Wenige. Amos sagt den Reichen furchtlos ins Gesicht, dass ihr Luxus auf Kosten der Armen geht, die sie ausbeuten und um ihre Rechte bringen. Amos' Botschaft löst Empörung aus, er wird aus Bet-El vertrieben und des Landes verwiesen. Der Prophet kündigt an, dass das Volk bald in die Verbannung gehen muss (Amos 6,7). Das geschieht tatsächlich, als die Assyrer 721 v. Chr. im Nordreich einmarschieren.

MICHA

(hebräisch „Wer ist wie Gott?"). Micha, ein Zeitgenosse Jesajas, stammt aus dem Ort Moreschet. Das nach ihm benannte biblische Buch gehört zu den „kleinen" Propheten. Micha kündigt die Vernichtung Samarias an (Micha 1,3-7) und sagt voraus, dass Juda dasselbe geschehen wird, wenn es sich nicht ändert. Er wendet sich gegen Götzendienst, Ungerechtigkeit und leere, rein äußerliche Gottesdienste, an denen die Menschen nicht mehr mit ihrem Herzen beteiligt sind. Micha kündigt eine Zeit an, in der alle Juden und andere Völker zum Berg des Herrn kommen würden, um sein Wort zu hören. Eine Aussage im Buch Micha wurde im Neuen Testament auf die Ankunft von Jesus bezogen; nämlich die Ankündigung, dass der Messias im kleinen Betlehem geboren würde (Micha 5,2).

MITTELMEER

See Gennesar

Gat-Hefer

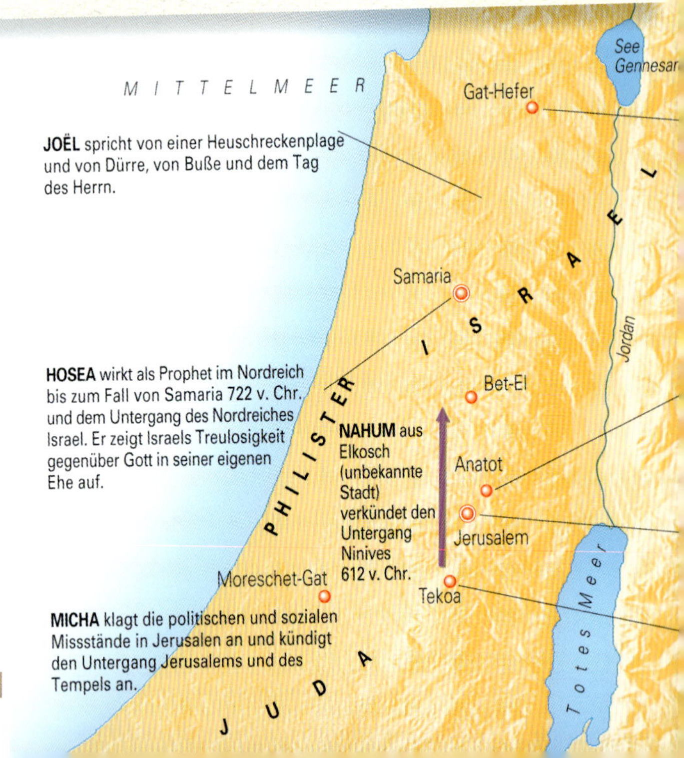

JOËL spricht von einer Heuschreckenplage und von Dürre, von Buße und dem Tag des Herrn.

Samaria

ISRAEL

Jordan

Bet-El

HOSEA wirkt als Prophet im Nordreich bis zum Fall von Samaria 722 v. Chr. und dem Untergang des Nordreiches Israel. Er zeigt Israels Treulosigkeit gegenüber Gott in seiner eigenen Ehe auf.

PHILISTER

NAHUM aus Elkosch (unbekannte Stadt) verkündet den Untergang Ninives 612 v. Chr.

Anatot

Jerusalem

Moreschet-Gat

Tekoa

Totes Meer

MICHA klagt die politischen und sozialen Missstände in Jerusalen an und kündigt den Untergang Jerusalems und des Tempels an.

JUDA

Betlehem,
silberner Stern
unter dem
Altar in der
Geburts-
kirche.
Er soll den
Ort be-
zeichnen,
an dem
Jesus ge-
boren wurde.

...NA aus Gat-Hefer, Prophet im Nordreich Israel,
...ndigt König Jerobeam II. (784–744 v. Chr.)
...e Ausdehnung seines Reiches an (2 Kön 14,25)..

...EREMIA prophezeit die Zerstörung
...erusalems durch die Babylonier.

...ESAJA berät König Hiskija während der Inva-
...on des assyrischen Königs Sanherib (um 701
...Chr.) und prophezeit das rettende Eingreifen
...ottes gegen den überheblichen Feind.

...ZECHIEL geht 597 v. Chr. nach der Kapitulation
...önigs Jojachin mit in die Babylonische
...efangenschaft. Im Exil gibt er den Juden
...offnung mit seiner Vision von einem neuen
...erusalem.

...MOS prangert soziale und politische Missstände
...nd den religiösen Kult der Israeliten in Bet-El
...während der Regentschaft Jerobeams II. an
...793–753 v. Chr.).

PROPHETINNEN

Die meisten Propheten waren Männer.
Aber in der Bibel wird auch über einige
Frauen berichtet, die Gott in seinen Dienst
gerufen hat. Als Prophetinnen werden
bezeichnet: Mirjam (Exodus 15,20),
Debora (Richter 4,4), Hulda (2 Könige 22,
14-20), Noadja (Nehemia 6,14) und
die Frau des Jesaja, deren Name nicht
genannt wird (Jesaja 8,3).

Propheten in Israel und Juda

VERBANNT NACH BABYLON

Lange Zeit hatten die Propheten das Volk Gottes beschworen, zum Herrn zurückzukehren. Doch ihre Mahnungen hatten keinen Erfolg. Damit war das Gericht Gottes unausweichlich – so erklären die biblischen Texte, wie es dazu kommen konnte, dass Jerusalem in Feindeshand fiel. Nachdem 722 v. Chr. das Nordreich Israel untergegangen war, traf es nun auch das Südreich Juda. Die Babylonier eroberten Jerusalem, zerstörten den Tempel und führten Gottes Volk in die Verbannung.

Eroberung einer Stadt

Schon vor Salomos Zeit waren die Kasemattenmauern üblich. Sie bestanden aus zwei parallelen Mauern, deren Zwischenraum durch Querwände in Kasematten unterteilt war. Eine solche Mauer hielt den Stößen der Rammböcke besser stand als gewöhnliche Stadtmauern.

JERUSALEMS UNTERGANG

Als die Babylonier unter König Nebukadnezzar den größten Teil des assyrischen Reiches erobert hatten, war Jojakim König von Juda. Ihm blieb nichts anderes übrig, als sich den übermächtigen Babyloniern zu unterwerfen. Nach drei Jahren versuchte er einen Aufstand. Daraufhin wurde Jerusalem belagert. Als Jojakim starb, musste sich sein Sohn Jojachin nur drei Monate später ergeben. 597 v. Chr. wird er zusammen mit vielen führenden Bürgern Jerusalems nach Babylon in die Gefangenschaft geführt (2 Könige 24,14-15). Auch der Palast- und der Tempelschatz wurde nach Babylon geschafft. Dort trafen die Verbannten auf eine Gruppe von Juden, die bereits einige Jahre zuvor verschleppt worden waren. Zu ihnen gehörte auch Daniel. Nebukadnezzar ernannte Zidkija zum König von Juda. Doch auch er wagt nach einiger Zeit einen Aufstand gegen Babylon. Nun hatte Nebukadnezzar endgültig genug. 588 v. Chr. zogen die Babylonier nach Jerusalem und belagerten es zwei Jahre lang, bis es 586 v. Chr. fiel. Seine Mauern wurden niedergerissen, jedes wichtige Gebäude wurde zerstört, auch der Tempel wurde dem Erdboden gleichgemacht und die Bevölkerung nach Babylon in die Verbannung geführt (2 Könige 25,1-21; 2 Chronik 26,15-21; Jeremia 52,1-30). Zidkija, der versucht hatte, zu fliehen, wurde gefangen genommen. Vor seinen Augen wurden seine beiden Söhne getötet, er selbst wurde geblendet und „in Fesseln" nach Babylon gebracht. Damit war das Königreich Juda von der Landkarte verschwunden und für das Volk Gottes schien alles vorbei zu sein.

Zerstörung und Plünderung einer besiegten Stadt

IM EXIL IN BABYLON

Alles, worauf sich die Menschen in Juda verlassen hatten, war verloren: das Königreich, die heilige Stadt Jerusalem, der Tempel mit der Bundeslade, das Zusammenleben im eigenen Land, die Heimat, der Besitz, die Familie und die Freiheit. In dieser Situation ergriffen die Propheten das Wort und machten den Verzagten Mut. Sie zeigten auf, was es heißt, Gottes Volk zu sein. Neue Formen des Betens, Feierns und der Belehrung wurden entwickelt, die das Judentum bis heute prägen. Statt am Tempel zu opfern, lasen und studierten die Juden jetzt die Heiligen Schriften und bemühten sich, ihr Leben nach den Weisungen der Tora auszurichten. Deshalb wurden nun auch Schriftgelehrte, die sich mit den Texten der Bibel gut auskannten und sie auslegen konnten, immer wichtiger.

Aus ihrer Heimat Elam Verbannte auf dem Weg ins Exil. Relief, Assurbanipal-Palast, Ninive, 7. Jh. v. Chr.

Blick in eine antike Synagoge

SABBAT

Während und nach dem Exil in Babylon entwickelte sich der Sabbat als wöchentlicher Ruhe- und Festtag. Statt eine Wallfahrt in die Heilige Stadt zu machen, feierten die Juden jetzt jede Woche einen heiligen Tag. Der Sabbat wird am siebten Tag der Woche begangen, dem Tag, an dem Gott die Schöpfung vollendet hat (Genesis 2,2). Am Sabbat ist grundsätzlich jede Arbeit verboten. Man geht in den Synagogengottesdienst, studiert die Schrift und ruht sich aus.

Sabbattisch. Mit dem Anzünden der Lichter beginnt der Sabbat.

SYNAGOGE

Weil Jerusalem weit und der Tempel zerstört war, kamen die Juden in Babylon in so genannten „Synagogen" (griechisch: „Versammlung") zusammen. Dort wurde gemeinsam gebetet, Gottesdienst gefeiert und in den Heiligen Schriften gelesen. Mittelpunkt einer Synagoge ist der Toraschrein, in dem die Buchrollen mit den jüdischen Heiligen Schriften aufbewahrt werden. Gerade für die Juden, die fern von Jerusalem leben, ist die Synagoge ein Stück Israel in der Fremde. Auch als der Tempel wieder aufgebaut ist und viele Juden nach Palästina zurückgekehrt sind, gewinnen die Synagogen im Laufe der Zeit immer mehr an Bedeutung.

DIE RÜCKKEHR AUS DEM EXIL

Fünfzig Jahre nach der Verschleppung ins Exil wendet sich das Blatt. Im Jahr 539 v. Chr. erobert der persische König Kyros das Babylonische Reich. Die Verbannten in Babylon schöpfen neue Hoffnung. König Kyrus erweist sich als toleranter und aufgeschlossener Herrscher. Er erlaubt den Juden die Rückkehr in die Heimat und genehmigt den Wiederaufbau des Tempels. Sogar die Tempelschätze, die der babylonische König geraubt hatte, gibt er zurück. Einige der Juden wollen jedoch lieber in Babylon bleiben. Sie haben sich dort eine Existenz aufgebaut, sind wohlhabend und angesehen.

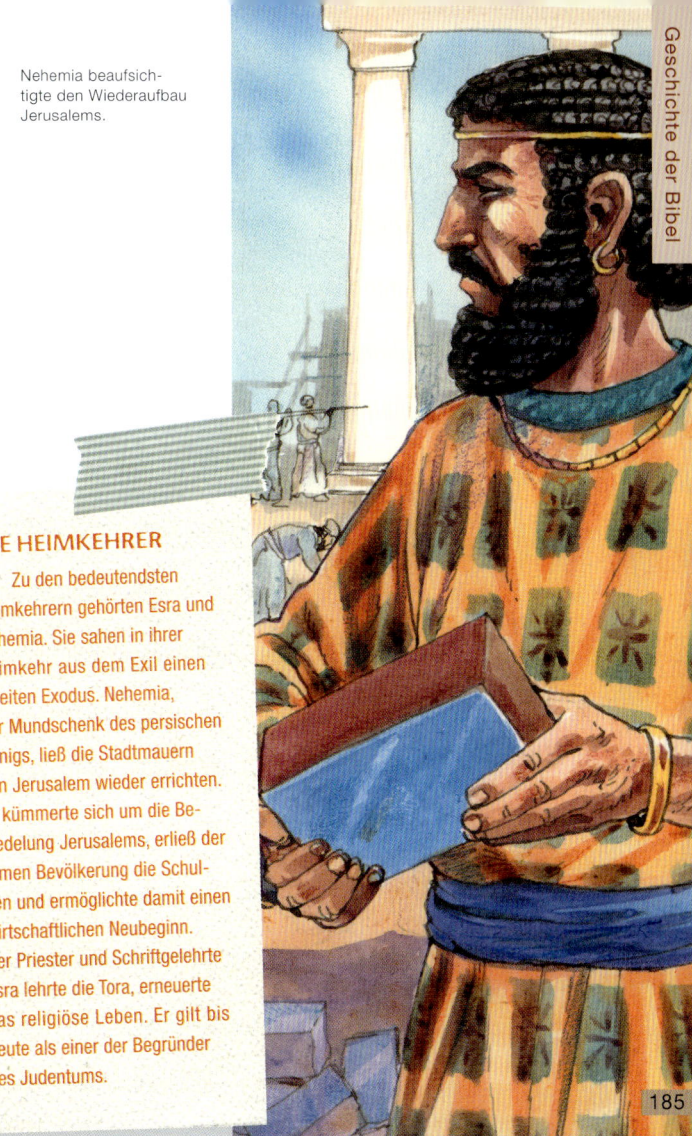

Nehemia beaufsichtigte den Wiederaufbau Jerusalems.

DIE HEIMKEHRER

Zu den bedeutendsten Heimkehrern gehörten Esra und Nehemia. Sie sahen in ihrer Heimkehr aus dem Exil einen zweiten Exodus. Nehemia, der Mundschenk des persischen Königs, ließ die Stadtmauern von Jerusalem wieder errichten. Er kümmerte sich um die Besiedelung Jerusalems, erließ der armen Bevölkerung die Schulden und ermöglichte damit einen wirtschaftlichen Neubeginn. Der Priester und Schriftgelehrte Esra lehrte die Tora, erneuerte das religiöse Leben. Er gilt bis heute als einer der Begründer des Judentums.

Esra und Nehemia betrieben den Aufbau des Tempels und der Mauer von Jerusalem.

DER ZWEITE TEMPEL

Als die aus dem Exil Zurückgekehrten nach Jerusalem kamen, begannen sie auch, den Tempel wieder aufzubauen. Doch die Begeisterung des Anfangs verflog rasch und die Heimkehrer kümmerten sich immer stärker um ihre persönlichen Bedürfnisse. Deshalb ruhten die Arbeiten am Tempel fünfzehn Jahre lang. Erst die Propheten Haggai und Sacharja brachten ihre Landsleute dazu, den Wiederaufbau zu vollenden. Im Jahr 516 v. Chr. konnte der fertige Tempel Gott geweiht werden. Über diesen zweiten Tempel ist nur sehr wenig bekannt. Er reichte aber bei Weitem nicht an die Pracht des salomonischen Tempels heran. Er wurde immer wieder ausgebessert und umgebaut, bis ihn König Herodes der Große schließlich durch einen neuen Tempel ersetzen ließ. Dies war der Tempel, den auch Jesus kannte.

DIASPORA

Wissenschaftler schätzen, dass nur 50 000 Juden aus der Babylonischen Gefangenschaft heimkehrten. Das ist keine große Zahl, wenn man sie mit denen vergleicht, die Jahrzehnte früher ins Exil gehen mussten. Viele blieben, wo sie waren, oder zogen in andere Teile Persiens weiter. Diese Juden und Jüdinnen, die verstreut außerhalb Palästinas leben, werden „Diaspora" (griechisch: „Verstreutheit") genannt. In der Zeit nach dem Exil lebten Juden also nicht mehr nur in Palästina, sondern in der Diaspora im ganzen Vorderen Orient und im Mittelmeerraum. Später, als die ersten Christen in den Synagogen Kleinasiens die Frohe Botschaft verkündeten, konnte sich so das Christentum rasch ausbreiten.

MONOTHEISMUS

In dieser Zeit der Veränderungen festigte sich der Glaube an einen einzigen Gott, der Monotheismus (griechisch: „Eingottglaube"). Bis dahin vermuteten auch die Gläubigen im Volk Israel, die selbst nur Jahwe verehrten, dass zumindest für andere Stämme und Völker auch andere Gottheiten zuständig wären. Fast alle Völker – auch die Babylonier – verehrten dagegen eine Vielzahl von Göttern. Man nennt das Polytheismus (griechisch: „Glaube an viele Gottheiten"). Doch angesichts der Ereignisse vor und während der Gefangenschaft in Babylon kommen zuerst die Propheten zu der Überzeugung: Es ist Jahwe, der die Assyrerheere gegen Juda geschickt hat und die persischen Großkönige viele Jahrhunderte lang herrschen lässt. Im Buch Jesaja lässt er verkünden: „Ich bin der Herr und sonst niemand; außer mir gibt es keinen Gott" (Jesaja 45,5).

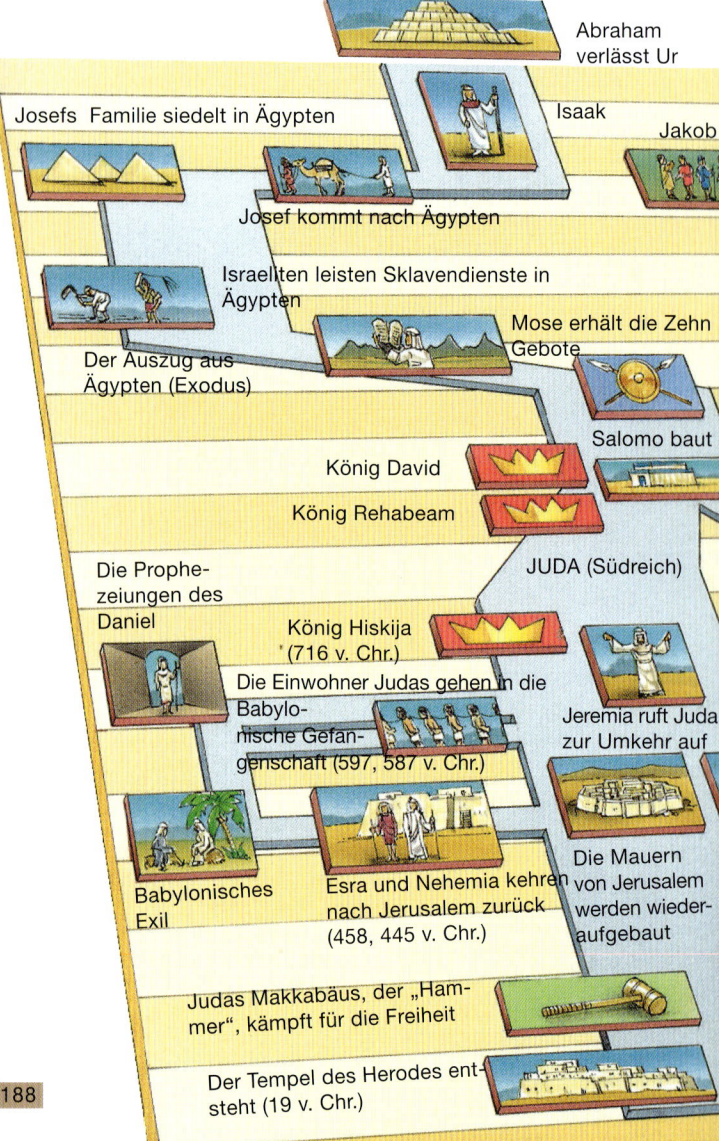

Abraham verlässt Ur

Josefs Familie siedelt in Ägypten

Isaak

Jakob

Josef kommt nach Ägypten

Israeliten leisten Sklavendienste in Ägypten

Mose erhält die Zehn Gebote

Der Auszug aus Ägypten (Exodus)

Salomo baut

König David

König Rehabeam

Die Prophezeiungen des Daniel

JUDA (Südreich)

König Hiskija (716 v. Chr.)

Die Einwohner Judas gehen in die Babylonische Gefangenschaft (597, 587 v. Chr.)

Jeremia ruft Juda zur Umkehr auf

Babylonisches Exil

Esra und Nehemia kehren nach Jerusalem zurück (458, 445 v. Chr.)

Die Mauern von Jerusalem werden wiederaufgebaut

Judas Makkabäus, der „Hammer", kämpft für die Freiheit

Der Tempel des Herodes entsteht (19 v. Chr.)

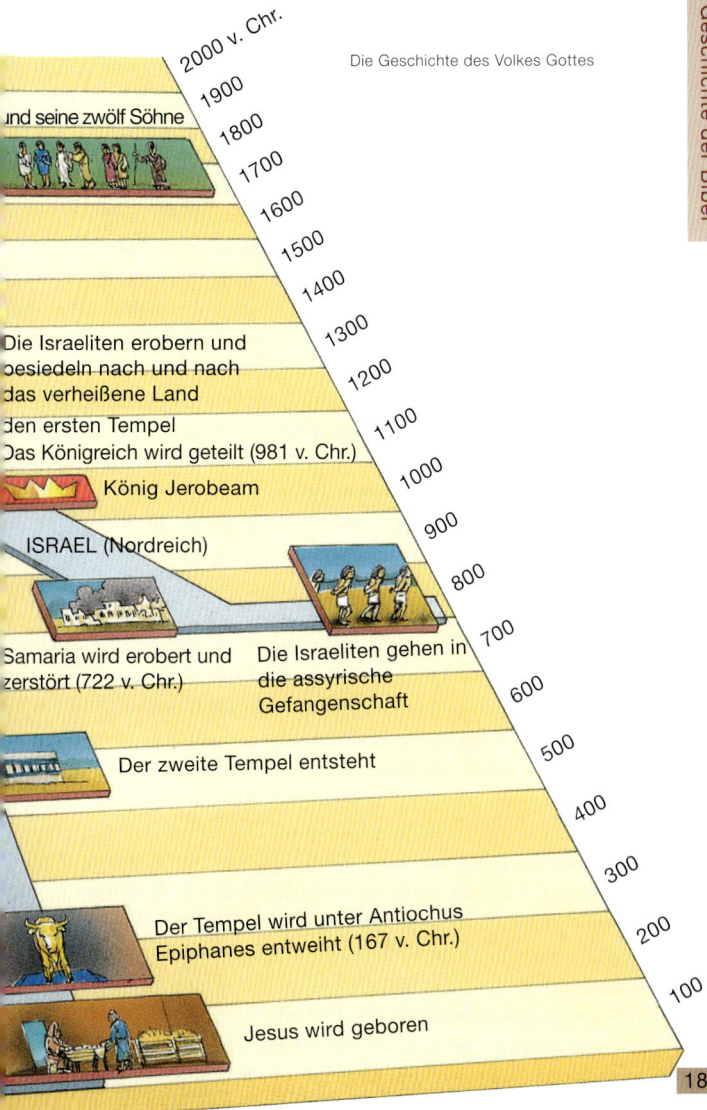

2000 v. Chr.
1900
1800
1700
1600
1500
1400
1300
1200
1100
1000
900
800
700
600
500
400
300
200
100

... und seine zwölf Söhne

Die Israeliten erobern und
besiedeln nach und nach
das verheißene Land

... den ersten Tempel

Das Königreich wird geteilt (981 v. Chr.)

König Jerobeam

ISRAEL (Nordreich)

Samaria wird erobert und
zerstört (722 v. Chr.)

Die Israeliten gehen in
die assyrische
Gefangenschaft

Der zweite Tempel entsteht

Der Tempel wird unter Antiochus
Epiphanes entweiht (167 v. Chr.)

Jesus wird geboren

Zwischen den jüngsten Büchern der Propheten, die im Alten Testament zu finden sind, und der Geburt von Jesus, die im Matthäus- und im Lukasevangelium erzählt wird, liegen mehr als 400 Jahre. In dieser Zeit hatte sich die Welt stark verändert. Der griechische König Alexander der Große erobert das persische Reich bis nach Indien

und Ägypten. Nun breitet sich die griechische Sprache und die griechische Kultur vom Mittelmeer bis zum Indischen Ozean immer stärker aus.

TESTAMENT

Antikes Griechenland

Auch das Judentum und die Bibel können sich dem Einfluss des Griechischen nicht entziehen.

ALEXANDER DER GROSSE UND DIE GRIECHEN

(griechischer Ehrentitel „Verteidiger der Männer"). Im Jahr 356 v. Chr. wird Alexander der Große als Sohn des Königs von Mazedonien geboren. Mit nur 20 Jahren beginnt der junge Herrscher, Zug um Zug das Perserreich zu erobern. Alexander dringt mit seinen Truppen bis nach Indien und Ägypten vor. Sein Reich war das größte, das die Welt je erlebt hatte. Aber Alexanders Ziel war es nicht nur, ein neues Weltreich zu begründen. Er wollte auch eine neue Lebensart schaffen. Alexander sorgte dafür, dass überall die griechische Sprache und Kultur verbreitet wurden. Das nennt man „Hellenismus" (nach „Hellas", dem ursprünglichen Wort für Griechenland). Griechisch wurde – ähnlich wie Englisch heute – zur internationalen Sprache. Überall wurde im griechischen Stil gebaut, es entstanden Theater und Stadien, da die Griechen Theaterstücke liebten und sehr viel Sport trieben. Die griechische Kultur und Philosophie breitete sich aus und beeinflusste auch das Judentum. Doch damit waren viele Juden nicht einverstanden. Nicht nur der griechische Polytheismus war für sie verabscheuungswürdiger Götzendienst, auch die Freizügigkeit, mit der sich die Griechen in Kunst und Sport nackt zeigten, empfanden sie als unmoralisch und gottlos – ebenso wie die Themen der griechischen Theaterstücke. Deshalb war der Konflikt eigentlich unvermeidbar.

Das Nered-Monument, 890 v. Chr. Dieses Marmor-Panel stellt eine Kampfszene zwischen Griechen und Persern dar.

DIE SEPTUAGINTA

Da immer mehr Juden außerhalb des Landes Israel lebten, sprachen viele nicht mehr gut hebräisch. Das bedeutete, dass sie Gottes Wort nicht mehr verstehen konnten. Als Griechisch zur neuen Weltsprache wurde, beschloss man im 3. Jahrhundert v. Chr., das Alte Testament ins Griechische zu übersetzen. Diese Übersetzung wurde bekannt als „Septuaginta" (griechisch „siebzig"). Der Name geht auf eine Legende zurück, nach der 70 jüdische Weise aus Jerusalem in Alexandria die Tora, also die jüdische Bibel, übersetzt haben sollen. Zur Septuaginta gehören auch einige griechisch geschriebene Schriften, die nicht in die hebräische Bibel übernommen wurden – die so genannten „deuterokanonischen" Schriften. Weil einige christliche Traditionen der Septuaginta folgen (die römisch-katholische, die koptische und die östlich-orthodoxe), haben sie diese Bücher in ihre Bibel mit aufgenommen. In den protestantischen Kirchen sind sie dagegen nicht als „Heilige Schriften" anerkannt. Zu diesen griechischen Büchern, die in der Zeit zwischen dem Alten und dem Neuen Testament entstanden sind, gehören die Bücher Judit, Tobit, Jesus Sirach, Stücke zu den Büchern Ester und Daniel und die Makkabäerbücher.

DER MAKKABÄERAUFSTAND

Nach dem Tod von Alexander 323 v. Chr. wurde sein riesiges Reich unter in Nordafrika und das Reich der Seleukiden im Westen Asiens. Palästina lag Schlachten statt. Zunächst herrschten die Ptolemäer in Palästina. Sie waren übernommen hatten. Doch als die Seleukiden die Macht in Jerusalem über Göttervaters Zeus im Tempel von Jerusalem aufstellen. Das brachte das Fass Im Jahr 164 v. Chr. eroberte Judas Makkabäus, der Sohn von Mattatias, den Hyrkanos wurde Israel wieder unabhängig.

In Modin im judäischen Hügelland werden Gräber der Makkabäer vermutet.

einen Generälen aufgeteilt. Es entstanden zwei feindliche Reiche: das Reich der Ptolemäer
...enau zwischen diesen beiden feindlichen Reichen. Immer wieder fanden hier erbitterte
...olerant; die Juden durften ihre Religion so ausüben, wie sie es von ihren Müttern und Vätern
...ahmen, änderte sich das. Antiochus IV. Epiphanes ließ eine Statue des griechischen
...um Überlaufen. Der Hohepriester Mattatias rebellierte und ein blutiger Aufstand brach aus.
...empel zurück und ließ ihn neu weihen. Doch erst unter Mattatias Enkel Johannes

DIE RÖMER IN PALÄSTINA

Das Griechische Reich fiel Stück für Stück in die Hände der Römer. Im Jahr 86 v. Chr. wurde Athen erobert. Keine zwei Jahrzehnte später besetzte der römische General Pompejus Palästina und machte es zur römischen Provinz. So wie die Griechen ihre Sprache und Kultur verbreitet hatten, so brachten die Römer

ihren „Frieden", Recht und Ordnung und gute Straßen mit. Das sollte für die Verbreitung der

Forum Romanum, Rom

christlichen Botschaft noch sehr wichtig werden.
Auch das Judentum und die Bibel konnten sich
dem Einfluss des Griechischen nicht entziehen.

DAS RÖMISCHE REICH

Dieses Weltreich ist nach seiner Hauptstadt Rom benannt. Es beherrschte zwischen dem ersten Jahrhundert v. Chr. und dem vierten Jahrhundert den gesamten Mittelmeerraum. Unter dem römischen Kaiser Augustus (27 v. Chr. – 14 n. Chr.) bekam das Römische Reich eine straffe Verwaltung. Mit harter Hand stellten seine Truppen die innere Sicherheit des Reiches nach einer langen Zeit von Bürgerkriegen wieder her. Sie sorgten dafür, dass Bürgerkriege unterbunden und die Grenzen gesichert wurden. Überall wurden die Verkehrswege ausgebaut. Es gab gerechte Gesetze und eine gemeinsame Währung, den römischen Dinar. Dadurch blühte der Handel und die Kultur. Für diese Zeit entstand der Begriff der „Pax Romana" (lateinisch „römischer Friede") – ein Friede, der durch Waffengewalt aufrechterhalten wurde.

BRITANNIA

ATLANTISCHER OZEAN

GERMANIA INFERIOR

Rhine

LUGDUNENSIS

BELGICA

GERMANIA SUPERIOR

R

AQUITANIA

NARBONENSIS

ALPES POEN

LUSITANIA

TARRACONENSIS

ALPES COTTIAE

ALPES MARITIMAE

CORSI

BAETICA

SARDINIA

Carthag

MAURETANIA

AFRICA

Römisches Reich 14 v. Chr.
Vasallenstaaten
Provinzgrenzen
Das Römische Reich bei seiner größten Ausdehnung 116 v. Chr.
Das römische Straßennetz

0   250   500 km

0   100   200   300 Meilen

ORICUM
Danube
PANNONIA
DACIA
DALMATIA
Salonae
MOESIA
ITALIA
MACEDONIA
Thessalonica
EPIRUS
Corinth
Athen
ACHAEA
Syracuse
THRACIA
SCHWARZES MEER
BITHYNIA AND PONTUS
Nicomedia
ASIA
Ephesus
GALATIA
LYCIA AND PAMPHYLIA
CILICIA
CRETE
CYPRUS
MITTELMEER
ARMENIA
CAPPADOCIA
ASSYRIA
Tigris
MESOPOTAMIA
Antioch
SYRIA
JUDAEA
Jerusalem
Cyrene
Alexandria
ARABIA/ NABATAEA
CYRENAICA
AEGYPTUS
Nil
ROTES MEER

PALÄSTINA ZUR ZEIT DER RÖMER

Im Jahr 63 v. Chr. eroberte der römische Feldherr Pompejus auch Palästina. Im Süden
Südreiches Juda entsprach. Während der Besatzung durch die Römer genossen die Juden
Wehrdienst befreit. In der Diaspora lief das Zusammenleben von Römern und Juden deshalb
Besatzer und Fremdkörper im Land empfunden. Der Kaiserkult, die römischen Steuern und
unerträglicher. Deshalb entstanden Gruppen wie die Zeloten, die die Römer mit Gewaltaktionen
versuchten, die römische Fremdherrschaft abzuschütteln und ein jüdisches Königrieich
in einem großen Aufstand. Das führte zur Katastrophe: Im Jahr 70 n. Chr. fielen die Mauern
131 n. Chr. brach ein zweiter großer Aufstand los. Nach vier Jahren des Widerstands wurde
getötet. Die Römer verbannten die Juden aus Jerusalem und bauten sie als heidnische

Palästina unter der Herodesdynastie

Map labels:

SYRIEN
Damaskus
ITURÄA
Hermonsgebirge
Tyrus
Cäsarea Philippi
PHÖNIZIEN
Hula See
GAULANITIS
Rafana
TRACHONITIS
Ptolemais
GALILÄA
Gamala
Kanatha
BATANÄA
Jordan
SEE GENNESARET
Tiberias
Hippos
Sepphoris
AURANITIS
Berg Tabor
Dion
Geba
Gadara
DEKAPOLIS
Cäsarea
Skythopolis (Bet-Schean)
Pella
Sebaste (Samaria)
Gerasa (Jerasch)
SAMARIA
Sychar (Schechem)
Antipatris
Alexandrium
Joppe
Jordan
PERÄA
Phasaelis
Archelais
JUDÄA
Philadelphia (Rabbat Ammon)
Jamnia
Livias
Jerusalem
Cyprus
Esbus (Heschbon)
Aschdod
Hyrkania
Aschkelon
Herodium
Gaza
Machärus
Marisa
Hebron
IDUMÄA
TOTES MEER
NABATÄERREICH
Masada
MITTELMEER

Legend:

○ Hauptstadt
— Grenze des Königreichs Herodes' des Großen
Gebiete gehören zu:
- Philippus
- Herodes Antipas
- Archelaus
- Provinz Syrien
◎ Städte der Dekapolis
⚔ Festungen Herodes' des Großen
— Straßennetz

0   25   50   75 km
0   15   30   45 Meile

200

...alästinas entstand die römische Unterprovinz Judäa, das in etwa dem Gebiet des ...ine gewisse Selbstständigkeit. Sie durften ihre Religion ausüben und waren vom ...n friedlicher Duldung ab. In Palästina dagegen wurden die Römer immer auch als ...as harte Durchgreifen der römischen Statthalter erschienen der Bevölkerung immer ...ekämpften. Männer, die von ihren Anhängern als Retter und Messias erachtet wurden, ...u errichten. Der Widerstand wurde immer stärker und entlud sich im Jahr 66 n. Chr. ...erusalems und auch der dritte Tempel wurde   zerstört – diesmal endgültig. Im Jahr ...erusalem erneut von den Römern erobert. Dabei   wurden Abertausende von Juden ...stadt „Aelia Capitolina" neu auf.

HERODES UND SEIN KÖNIGSHAUS

Der römische Kaiser hatte Herodes als König von Judäa eingesetzt (37–4 v. Chr.), der beste Beziehungen zu den Mächtigen in Rom besaß. Er wurde auch „Herodes der Große" genannt, weil er zum einen zu Ehren des Kaisers Städte im griechischen Stil erbauen ließ. Dazu gehörte die Hafenstadt Caesarea. Zum anderen ließ er den Tempel in Jerusalem mit großer Pracht neu erbauen. Aber als grausamer und brutaler Machtmensch war Herodes den Juden verhasst. Nach seinem Tod wurde sein Reich unter drei seiner Söhne aufgeteilt. Judäa, Samaria und Idumäa wurden bis 6 n. Chr. von Herodes Archelaos regiert. Als dieser wegen seiner Grausamkeit in die Verbannung geschickt wurde, unterstand das Gebiet von da an einem römischen Statthalter, der die Truppen in der Provinz befehligte und zuständig war für die Finanzen und das Rechtswesen.

Römischer Centurio und Legionär

JERUSALEM ZUR ZEIT JESU

Als Herodes durch Kaiser Augustus zum König von Judäa ernannt wurde, hatte er Großes mit seiner Hauptstadt Jerusalem vor und ließ sie im römischen Stil verschönern. Dazu gehörten für ihn ein Theater und eine Pferderennbahn – und natürlich ein enormer neuer Königspalast. Aber die größte Leistung des Herodes war der völlige Umbau des Tempels in unerhörter Pracht. So findet die Heilige Stadt zur Zeit Jesu zurück zu ihrem alten Glanz.

Jerusalem im Jahr 30 n. Chr.

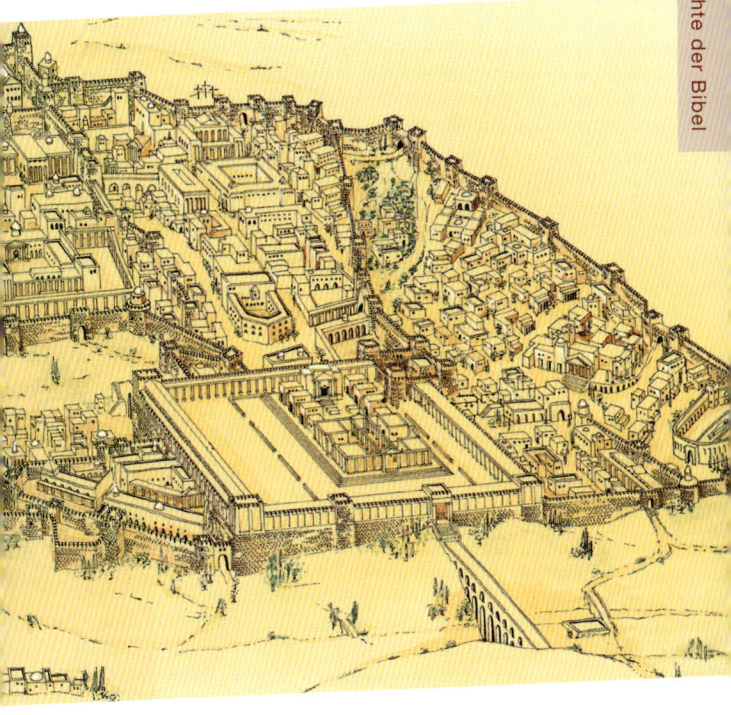

Als Jesus und seine Jünger zusammen mit vielen anderen Pilgern nach Jerusalem kamen, sahen sie eine blühende Stadt, in der Tausende von Handwerkern bei der Arbeit waren und acht von zehn Bewohnern ihr Geld mit dem Tempel verdienten.

JERUSALEM

Unter Herodes dem Großen wuchs
die Bevölkerung von Jerusalem um das
Doppelte auf ungefähr 60 000 Einwohner.
Er ließ eine Pferderennbahn bauen,
ein Theater, den Königspalast und zwei
Festungen – die Burg Antonia und eine weitere,
die den Königspalast bewachen sollte.
Die Wasserversorgung aus der Zeit König
Davids – die Gihonquelle – reichte jetzt
nicht mehr für die vielen Menschen aus.
Deshalb ließ Herodes zusätzlich ein Aquädukt bauen, das Wasser aus den Seen
in der Nähe von Hebron nach Jerusalem
brachte. Dieses Aquädukt war 64 km lang.
Es verteilte das Wasser in verschiedene
Teiche in der Stadt und kam über eine Brücke
an der Nordwestseite des Tempels an.

Die wohlhabenden Einwohner
ließen sich schöne, weitläufige Häuser im
Süden und Norden der Stadt bauen. In der
Unterstadt dagegen drängten sich niedrige
Häuschen wie in einem Dorf zusammen.
In den schmalen und winkligen Gassen war
es dunkel, die Menschen lebten dort auf
engstem Raum zusammen. Dort war es laut
und schmutzig.

Der herodianische Tempel
und die Burg Antonia

DIE BURG ANTONIA

Nachdem Herodes Jerusalem im Jahr 37 v. Chr. erobert hatte, ließ er die Festung Antonia bauen. Sie war benannt nach seinem Schutzherrn Marcus Antonius und lag an einem der strategisch wichtigsten Punkte der Stadt. Von ihr aus hatte man eine gute Rundumsicht auf die Höfe des Tempels. So konnte Herodes einen Aufstand rasch bemerken und gleich im Keim ersticken. In der Festung war eine Kohorte, also 480 römische Soldaten, stationiert. Doch die Antonia war beileibe keine bloße Kaserne Es gab hier auch Luxuswohnungen und Bäder. Deshalb kann man sie eher mit einem Palast vergleichen.

JESUS TRIFFT AUF SEINE GEGNER

D rei Jahre lang ist Jesus durch die Lande gezogen und hat sein Botschaft vom Reich Gottes verkündet. Dabei hat er sich nicht nur Freunde, sondern auch viele Feinde gemacht. Vor allem den einflussreichen Kreisen in Jerusalem ist der Mann aus Nazaret ein Dorn im Auge. Als Jesus mit seinen Jüngern nach Jerusalem kommt und im Tempel für Aufsehen sorgt, beschließt der Hohe Rat der Juden, mit Gewalt gegen den Unruhestifter vorzugehen.

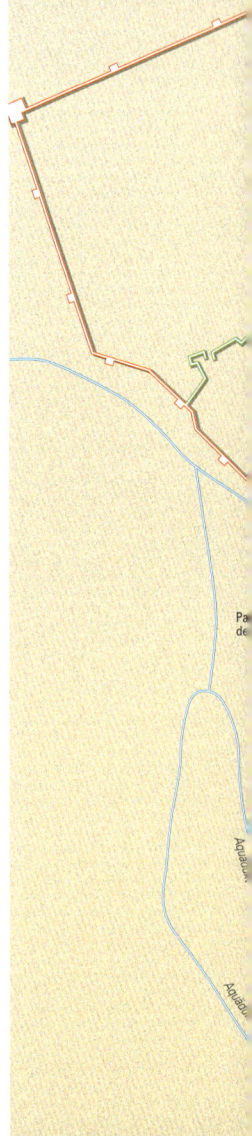

Schauplätze der letzten Tage
Jesu in Jerusalem

N

1. Triumphaler Einzug Jesu

3. Rückkehr nach Betanien

Turmtor

Betesdateich

Fischtor

Festung Antonia

Wasserbecken

Schaftor

Tyropeontal

Goldenes Tor

Tempel

Die Schöne Pforte

Ölberg

Golgota

8. Kreuzigung

Warren's Tor

2. Tempelreinigung

Garten von Getsemani

5. Gefangennahme Jesu

Barclay's Tor

Vorhof der Nichtjuden

Ofel

Tempelzinnen

Gennath Tor (Gartentor)

? Palast des Herodes Antipas

7. Tribunal vor Pontius Pilatus

Hulda Tore

OBERSTADT

Aquädukt

Tyropeontal

Taltor

Gischonquelle

Tunnel des Hezekia

...chtliche Anhörung ...r dem Hohen ...riester

...us des ...phas Letztes Abendmahl

...emach

ESSENERVIERTEL   UNTERSTADT

Essenertor

Von Betanien

Salomonteich

Siloachteich

Hinnontal

Wassertor

Stadtgebiet zur Zeit Jesu

Neue Stadtbefestigung

Vermutlicher Weg Jesu an seinen letzten Tagen

| 0 | 250 | 500 Meter |
| 0 | 250 | 500 Meilen |

DER HOHE RAT

Der Hohe Rat war eine Versammlung von angesehenen und erfahrenen Männern aus dem jüdischen Volk zur Zeit der Römer. Zum einen war der Hohe Rat zuständig für Fragen, die das Judentum und den Tempel betrafen. Zugleich war der Hohe Rat das oberste Gericht der Juden. Die 70 Mitglieder setzten sich zusammen aus Sadduzäern, Pharisäern und den Ältesten, die vom Volk gewählt wurden. Ihr Vorsitzender war der Hohepriester. Der Hohe Rat traf sich täglich im Tempel in einer Halle neben dem Vorhof der Priester.

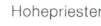

Hohepriester

DIE SADDUZÄER

Zur Partei der Sadduzäer gehörten Priester, wohlhabende und adelige Familien. Sie galten unter ihren Zeitgenossen als hochmütig und unnahbar. Selbst wenn sie miteinander befreundet waren, zeigten sie keine Gefühle und blieben immer streng und ernst. Die Sadduzäer stellten alle Hohenpriester und bestimmten, was im Tempel und im Hohen Rat zu geschehen hatte. Sie unterstützten die römische Oberherrschaft und konnten deshalb mit Einverständnis Roms ihre Macht ausüben. So war es verständlich, dass sie jede Art von Auflehnung gegen die Römer zu unterdrücken suchten. Beim Volk waren sie nicht beliebt. Die Tora allein war für sie maßgebend; neuere religiöse Anschauungen lehnten sie ab. Wichtig war ihnen vor allem, dass der Tempelbetrieb mit seinen Opfern und Feiern reibungslos ablaufen konnte. Die Sadduzäer waren nicht damit einverstanden, dass Jesus Menschen wichtiger waren als religiöse Vorschriften. Außerdem glaubten sie nicht an ein Leben nach dem Tod, wie es Jesus immer wieder verkündete. Sie waren die erbittertsten Gegner Jesu und wollten ihn unbedingt beseitigen (Matthäus 16,1-12).

Sadduzäer

Pharisäer

DIE PHARISÄER

Verachtet und bekämpft wurden die Sadduzäer durch die Pharisäer. Sie lehnten die römische Herrschaft ab und waren im Volk sehr angesehen. Sie waren meist Handwerker, Kaufleute oder Bauern und bemühten sich um ein heiliges Leben und befolgten die Gebote der Tora ganz genau. Im Hohen Rat waren die Pharisäer stark vertreten. Viele von ihnen legten als Schriftgelehrte den Leuten die Bibel aus und kümmerten sich darum, dass alle Gesetze und Reinheitsgebote genau eingehalten wurden. Anders als die Sadduzäer war es ihnen aber wichtig, das Gesetz so auszulegen, dass es für die Menschen in ihrem Alltag nicht zu einer unerträglichen Last wurde. Allerdings scheuten sie den Kontakt mit allen, die nicht so leben wollten oder konnten wie sie. In ihren religiösen Überzeugungen und Lehren standen sie Jesus zwar nahe, so glaubten sie wie er an die Auferstehung der Toten und das Reich Gottes. Aber Jesu Umgang mit Zöllnern, Kranken, Behinderten, Sündern und Sünderinnen passte ihnen nicht. Etliche von ihnen suchten aber auch das Gespräch mit Jesus (Lukas 7,36; 13,31; Johannes 3,1-12). Nach der Zerstörung Jerusalems und des Tempels 70 n. Chr. sorgten die Pharisäer dafür, dass das Judentum weiter bestehen konnte.

DIE ZELOTEN

Die Zeloten (griechisch = „ Eiferer") waren jüdische Freiheitskämpfer, die zum bewaffneten Aufstand gegen die römische Herrschaft aufriefen. Aus religiösen Gründen weigerten sie sich, den Römern Steuern zu zahlen. Gerne hätten sie auch Jesus für ihre Sache gewonnen, aber der lehnte ihre Gewalttaten ab. Einer der Apostel, Simon der Eiferer, – vielleicht auch Judas Iskariot – wird ursprünglich Zelot gewesen sein (Apostelgeschichte 1,13). Die Zeloten führten 66–70 n. Chr. den aussichtslosen Kampf gegen die Römer an, der mit der Zerstörung Jerusalems endete.

DER RÖMISCHE STATTHALTER

Im Jahr 6 n. Chr. gliederte Kaiser Augustus Judäa in die römische Provinz Syrien ein. Von da an unterstand das Gebiet einem römischen Statthalter. Er musste sich um die Ruhe im Land kümmern und die Finanzen regeln. Außerdem war er oberster Feldherr der Armee und oberster Richter; nur er allein konnte Todesurteile fällen. Im Jahr 26 n. Chr. wurde Pontius Pilatus römischer Statthalter von Judäa. Er wird als grausam und rücksichtslos beschrieben. Pilatus machte sich bei den Juden schon kurz nach seiner Ankunft verhasst, weil er in Jerusalem Feldzeichen mit dem Bild des Kaisers in Rom aufstellen wollte, der sich ja als Gott verehren ließ. In den Augen der Bewohner von Jerusalem war das heidnischer Götzendienst. Außerdem griff Pilatus für den Bau einer Wasserleitung auf den Tempelschatz zurück. In seiner Amtszeit und auch noch später kam es immer wieder zu Aufständen. Männer, die von ihren Anhängern als Retter und Messias erachtet wurden, versuchten, die römische Fremdherrschaft abzuschütteln und ein jüdisches Königreich zu errichten. Daher war Pilatus beunruhigt, als Jesu Ankläger behaupteten, Jesus trete als König der Juden auf. Weil Pilatus immer wieder ohne Skrupel gegen die Juden vorging (Lukas 13,1), wurde er schließlich im Jahr 36 n. Chr. nach Rom zurückgerufen.

Modell der Burg Antonia

Römischer Reiter und Streitwagen

Pontius Pilatus

213

DIE BOTSCHAFT VON JESUS

„Jesus ist auferstanden!" Mit dieser Botschaft beginnt die Geschichte des Christentums. Die Jüngerinnen und Jünger von Jesus feiern einen Neuanfang. Immer größer wird die Gemeinschaft, die sich zum auferstandenen Jesus bekennt. Zuerst sind es Juden, die sich überzeugen lassen, dass Jesus der Messias ist. Dann begeistern sich auch immer mehr nichtjüdische Menschen rund um das Mittelmeer für ihn. Davon erzählt die Bibel in der Apostelgeschichte, die Lukas als Fortsetzung seines Evangeliums geschrieben hat.

DIE APOSTELGESCHICHTE DES LUKAS

Lukas hat mündliche und schriftliche Überlieferungen aus der Anfangszeit Kirche der Zukunft zu bewahren. Er gestaltet daraus eine spannende Geschichte „Gemeinde" sind verschiedene Übersetzungen des griechischen Wortes „ekklesia") in der Zeit um 85 n. Chr. Ansporn geben, sie aufrütteln. Er berichtet, dass in der und Tod neues Leben erwächst. Die Jesusgläubigen der ersten Stunde wurden deshalb ins Umland und verbreiteten dort das Evangelium. Später, bei der Stei Mal die Rede vom Gesetzeslehrer und Pharisäer Saulus, der die Jesusanhänger begeisterter Christ und eifrigster und erfolgreichster Heidenmissionar. Lukas über Samaria und Judäa nach Syrien und Kleinasien und schließlich bis nach

BREITET SICH AUS

DIE APOSTEL

Die erste Gemeinde wird angeführt vom Jüngerkreis der Zwölf, die Matthias zum Nachfolger des Judas Iskariot gewählt hatten. Nach der Auferstehung wurden sie „Apostel" genannt. Dieses griechische Wort bedeutet „Gesandter". Es bringt zum Ausdruck, dass sich die Zwölf der Aufgabe verschrieben hatten, die Frohe Botschaft von Jesu Leben, Sterben und Auferstehung in aller Welt bekannt zu machen und in den Menschen den Glauben an Jesus zu wecken (Apostelgeschichte 1,8). Neben den Zwölf, die schon zu Lebzeiten Jesu seine Jünger waren, fühlte sich auch der ehemalige Schriftgelehrte Paulus als Apostel berufen. Später werden auch andere Christen, die das Evangelium verkündigten, als Apostel bezeichnet. Man kann also sagen, dass die Apostel die tragenden Säulen der jungen Kirche waren.

der christlichen Gemeinden gesammelt, um sie für die
vom Werden und Wachsen der Kirche („Kirche" und
Mit dieser Geschichte will Lukas seiner Gemeinde
jungen Kirche – wie bei Jesus Christus – aus Leiden
nämlich vom Jerusalemer Hohen Rat verfolgt. Sie flüchteten
nigung des ersten Märtyrers Stephanus, ist das erste
zunächst erbittert verfolgte. Schließlich wurde er jedoch
beschreibt den Weg des Evangeliums von Jerusalem
Rom – ins Zentrum der damaligen Welt.

215

DIE URGEMEINDE

Nach den Ereignissen an Pfingsten entstand aus dem Kreis der Jünger und Jüngerinnen Jesu die erste Gemeinschaft von Christen – die so genannte Urgemeinde. Durch den unermütlichen Einsatz von Petrus und den anderen Aposteln vergrößert sich die Urgemeinde rasch. Lukas beschreibt sie in der Apostelgeschichte als Vorbild für alle anderen christlichen Gemeinden: Sie waren ein Herz und eine Seele und hatten alles gemeinsam. Niemand unter ihnen brauchte Not zu leiden. Miteinander feierten sie das Mahl, sangen und beteten in Freude und Offenheit. Beim ganzen Volk waren sie beliebt. Immer mehr Frauen und Männer bekannten sich zu Jesus und schlossen sich ihnen an (nach Apostelgeschichte 2,44-47; 4,32-35; 5,13-14).

Offensichtlich hat Lukas ein bisschen übertrieben, denn Spannungen und Streitigkeiten gibt es überall, wo Menschen zusammenleben. Auch in der Urgemeinde traten nämlich Konflikte auf, wenn es um die Frage nach dem rechten Glauben ging. Die ersten Christen in Jerusalem standen vor einem schwerwiegenden Problem: Müssen Nichtjuden, die Anhänger von Jesus Christus werden wollen, alle jüdischen Gesetze und Gebräuche übernehmen?

Auf der Zusammenkunft der Apostel, dem so genannten Apostelkonzil, wurde diese Frage nach langen und schwierigen Auseinandersetzungen verneint. Das ebnete den Weg zu einer Kirche, der Juden und „Heiden" gemeinsam angehörten. Erst nach langem Streit einigten sich die ersten Christen im Apostelkonzil, dass in der jungen Kirche nicht nur Platz war für Juden, sondern auch für Heiden. So konnte sich das Christentum rasch im ganzen Römischen Reich ausbreiten.

Die Kirche in Kleinasien

CHRISTEN

Ursprünglich war das Wort „Christ" eine Art Spitzname für die Jünger Jesu, der zuerst in der Stadt Antiochia aufkam (Apostelgeschichte 11,26). Später nannten sich die Angehörigen der ersten Gemeinden dann auch selbst „Christen", um zu zeigen, dass sie glaubten, dass Jesus der „Christus", also der Gesalbte Gottes, der Messias ist. Dieser Name bringt auch zum Ausdruck, dass Christen nicht zu einem bestimmten Volk, einer bestimmten Familie oder Gemeinschaft gehören, sondern Menschen sind, die in ihrem Leben Jesus Christus nachfolgen wollen.

Römisches Getreide-

Wenn wir heute eine Urlaubsreise machen, dann ist das eine schöne und erholsame Sache. Die Reisen des Apostels Paulus haben mit Entspannung und Unterhaltung aber überhaupt nichts zu tun. Sie gleichen eher einer gefährlichen Expedition, die viele Jahre dauert und höchst gefährlich ist. In seinem Brief an die Korinther schreibt Paulus, was er auf diesen Reisen alles mitgemacht hat: Seenot, Schiffbruch, einen Tag und eine Nacht hilfloses Treiben im Meer, Hochwasser, Hunger, Durst, Kälte, Bedrohung durch Räuber, Verfolgung, Gefangenschaft, häufig Schläge, Auspeitschungen, Steinigung.

DIE ERSTE MISSI

Bei seiner ersten Reise
nach Zypern, in die Heimat
sie weiter nach Kleinasien
sie sich, die Botschaft von
In Lystra wurden Paulus
Doch dann ließ sich die Volks
Man steinigte die beiden

...LUS

Die Skizze oben stellt die Ruinen der Synagoge von Kafarnaum dar, wie sie sich dem Besucher heute zeigt. Im Bild unten ist dargestellt, wie sie zur Zeit des Neuen Testaments ausgesehen hat.

...ONSREISE

...wurde Paulus von Barnabas und Johannes Markus begleitet. Sie brachten die Gute Nachricht ...on Barnabas. Paulus predigte auf der ganzen Insel in jüdischen Synagogen. Dann zogen ...ort wurden sie von den Juden nicht gerade freundlich empfangen. Deshalb entschlossen ...esus Christus auch zu den Menschen in Antiochia zu bringen, die keine Juden waren. ...nd Barnabas nach einer dramatischen Krankenheilung zunächst für Götter gehalten. ...menge von aufgebrachten Juden aus Antiochia gegen Paulus und Barnabas aufstacheln. ...Männer und ließ sie liegen, weil man sie für tot hielt (Apostelgeschichte 13–14).

DIE ZWEITE MISSIONSREISE

In Begleitung von Silas und Timotheus besuchte Paulus auf seiner zweiten Missionsreise zuerst die Christengemeinden in Kleinasien. In der Stadt Troas hatte Paulus nachts eine Vision: Ein Mann forderte ihn auf, nach Mazedonien in Griechenland zu kommen. Paulus und seine Begleiter brachen am nächsten Morgen auf. Sie gründeten dann um 50 n. Chr. in Philippi die ersten Christengemeinden Europas. Dort wurden sie ins Gefängnis geworfen, weil sie ein Sklavenmädchen von einem bösen Geist befreit hatten, was in einem Aufruhr endete. Aber ein Erdbeben brachte Paulus und Silas die Freiheit und den Gefängniswärter und seine Familie zum Glauben. In Thessalonich predigte Paulus drei Wochen lang zu Juden und Griechen. Dann kam es zu einem weiteren Aufruhr. Paulus und Silas mussten die Stadt bei Nacht und Nebel verlassen. Sie kamen nach Athen. Dort predigte Paulus nicht nur in der Synagoge, sondern auch auf dem Marktplatz. In den Säulenhallen auf dem Areopag diskutierte er auch mit Philosophen. Danach reiste Paulus nach Korinth. Dort gewann er das Ehepaar Priszilla und Aquila für Christus und lebte und arbeitete längere Zeit in ihrem Betrieb mit. Die beiden waren nämlich, wie Paulus, Zeltmacher (Apostelgeschichte 15,36–18,22).

Reste des Theaters
von Ephesus

Reste des Apollotempels von Korinth

DIE DRITTE MISSIONSREISE

Die dritte Missionsreise führte Paulus
nach Ephesus. In dieser bedeutenden Handelsstadt
stand ein Tempel der griechischen Göttin Artemis,
der als eines der sieben Weltwunder galt. Da Paulus
sich in seinen Predigten gegen diesen Götzendienst wandte, brachte er damit die Handwerker
und Geschäftsleute in Ephesus gegen sich auf,
die mit dem Artemistempel gutes Geld verdienten.
Sie zettelten einen Aufruhr an und schleppten
Paulus' Begleiter in das Theater von Ephesus, in dem
24 000 Zuschauer Platz hatten. Nur knapp entkam
Paulus dem Volkszorn und entschloss sich, nach
Griechenland weiterzureisen. Paulus arbeitete dort
wieder drei Jahre lang in seinem Beruf zusammen
mit Priska und Aquila. Er unternahm von Korinth
aus mehrere Reisen zu den von ihm gegründeten
Gemeinden (Apostelgeschichte 18,23–21,17).

221

DIE REISE NACH ROM

Mit einer reichen Spende für not-
leidende Christen kehrte Paulus nach Jerusalem zurück und wurde dort von seinen
Feinden aus dem Judentum um 55 n. Chr.
verhaftet. Als der römische Oberst von
einer Verschwörung gegen Paulus hörte,
ließ er ihn nach Cäsarea bringen, wo er
Paulus zwei Jahre lang in Gewahrsam
halten ließ. Als römischer Bürger bestand
Paulus schließlich darauf, vor ein kaiser-
liches Gericht in Rom gestellt zu werden.
In Fesseln wurde er deshalb auf einem
Schiff nach Rom gebracht.(Apostelgeschichte 22–28). Dort konnte er trotz
Hausarrest missionarisch wirken und zu
den Gemeinden durch ausführliche
Briefe Kontakt halten. Über sein weiteres
Schicksal wissen wir nichts Sicheres.
Wahrscheinlich ist er unter Kaiser Nero
64 n. Chr. enthauptet worden.

Forum Romanum

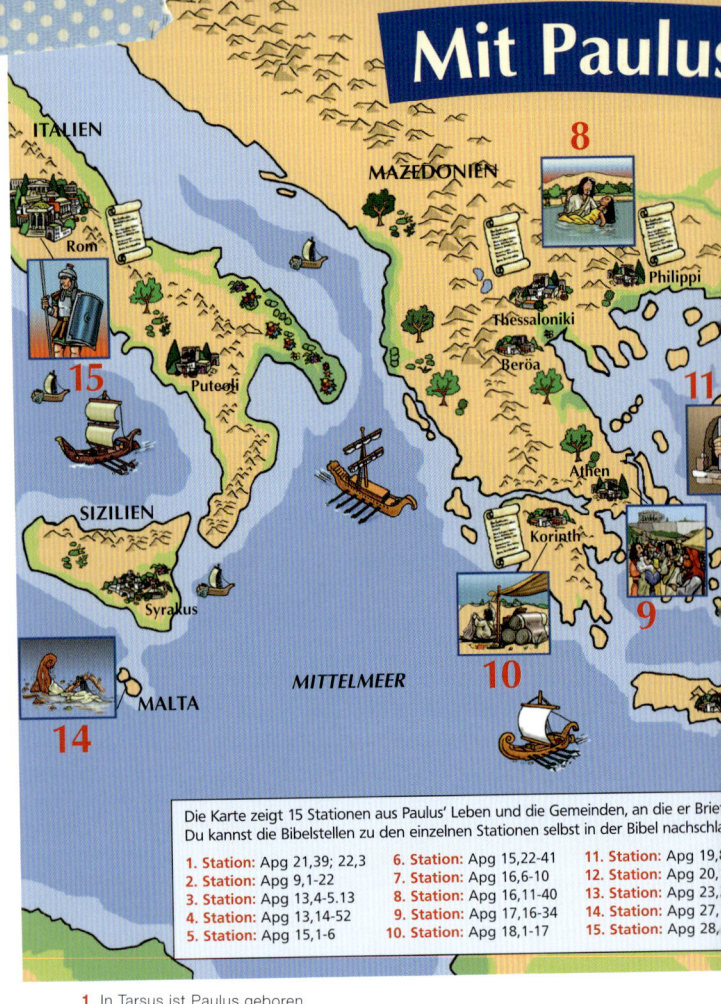

Mit Paulus

ITALIEN

Rom

Puteoli

15

SIZILIEN

Syrakus

14

MALTA

MAZEDONIEN

8

Philippi

Thessaloniki

Beröa

Athen

11

Korinth

MITTELMEER

10

Die Karte zeigt 15 Stationen aus Paulus' Leben und die Gemeinden, an die er Brie[f]
Du kannst die Bibelstellen zu den einzelnen Stationen selbst in der Bibel nachschla[gen]

1. Station: Apg 21,39; 22,3
2. Station: Apg 9,1-22
3. Station: Apg 13,4-5.13
4. Station: Apg 13,14-52
5. Station: Apg 15,1-6

6. Station: Apg 15,22-41
7. Station: Apg 16,6-10
8. Station: Apg 16,11-40
9. Station: Apg 17,16-34
10. Station: Apg 18,1-17

11. Station: Apg 19,[
12. Station: Apg 20,[
13. Station: Apg 23,[
14. Station: Apg 27,[
15. Station: Apg 28,[

9

1 In Tarsus ist Paulus geboren.
2 Auf dem Weg nach Damaskus erscheint ihm Jesus in einer Vision.
3 In der Synagoge von Salamis verkündet Paulus die Gute Nachricht.
4 Paulus predigt in Antiochia.
5 Muss jeder, der Christ werden will, alle jüdischen Gesetze und Gebräuche übernehmen?
   Paulus sagt: „Nein!"
6 Die Apostel beschließen in Jerusalem: Paulus hat Recht.
7 Paulus hat eine Vision, die ihn nach Griechenland führt.

GALATIEN

KAPPADOZIEN

7

4

1

Lystra

Antiochia in
Pisidien

Ephesus

Kolossä

Derbe

Tarsus

Antiochia

5

SYRIEN

Milet

Attalia

Myra

RHODOS

Salamis

ZYPERN

3

Sidon

Damaskus

Tyrus

2

12

13

GALILÄA

Cäsarea

ieben hat.

Jerusalem

og 25,1-12

6

JUDÄA

8 Paulus tauft Lydia, die erste Christin in Europa.
9 Paulus kommt nach Athen.
10 Paulus arbeitet als Zeltmacher bei Priszilla und Aquila.
11 Immer wieder wird Paulus gefangen genommen.
12 Auf seinen Reisen sammelt Paulus Spenden für die Gemeinde in Jerusalem.
13 Paulus verlangt vom römischen Statthalter, nach Rom gebracht zu werden.
14 An der Küste von Malta erleidet Paulus Schiffbruch.
15 Paulus kommt in Rom an.

225

Zu Anfang wurden die ersten Christen nur als eine jüdische Sekte gesehen, wie etwa die Anhänger Johannes' des Täufers oder die Essener. Weil das Judentum im Römischen Reich eine erlaubte Religion war, legte Rom auch den ersten christlichen Gemeinden keine Steine in den Weg. Aber mehr und mehr wurden die Christen den

römischen Behörden verdächtig, denn sie hielten sich von vielem fern, was den Römern heilig war. Kaiser Nero drängte die Christen in die Rolle des Sündenbocks, als er sie für den Brand von Rom verantwortlich machte, den er wahrscheinlich selbst gelegt hatte. Von da an wurden Christen im Römischen Reich immer brutaler verfolgt und umgebracht.

Kaiser Nero (links) auf einer Münze. Auf der Rückseite ist der oberste römische Gott Jupiter abgebildet.

KAISER NERO

Unter Kaiser Nero (54–68 n.Chr.) gab es die ersten Christenverfolgungen im Römischen Reich. Im Laufe seiner Amtszeit verfiel Nero immer stärker dem Wahnsinn. Viele seiner Zeitgenossen vermuteten, dass der Kaiser selbst das Feuer legen ließ, das 64 n. Chr eine Woche lang in Rom wütete und zehn der vierzehn Stadtbezirke zerstörte. Danach gab Nero den Christen die Schuld an diesem Brand. Viele Christen in Rom wurden gefangen genommen und auf grausame Art getötet. Sie wurden in Tierfelle gewickelt und den Löwen in der Arena zum Fraß vorgeworfen oder als menschliche Fackeln bei Neros Gartenfesten angezündet. Sowohl der Apostel Petrus wie auch der Apostel Paulus starben in dieser Zeit den Märtyrertod. Die Überlieferung erzählt, dass Petrus kopfüber im Circus des Nero gekreuzigt wurde, während Paulus als römischer Bürger an der Via Ostia enthauptet wurde.

Gerasa,
römischer Marktplatz
mit Säulengängen

DER RÖMISCHE KAISERKULT

Viele Städte in Kleinasien waren den Römern dankbar dafür, dass Rom ihnen
Pax Romana gab es keine Bürgerkriege mehr, die Piraten verschwanden von den
Stadt Pergamon etwas Besonderes einfallen lassen. Im Jahr 29 n. Chr. bat sie
und den römischen Kaiser als Gottheiten anbeten zu dürfen, was der Herrscher
„den Ort, wo der Thron des Satans steht" (Offenbarung 2,13). Johannes beschreibt
des römischen Kaisers als Gott verbreitete sich rasch in Kleinasien und im Römi
errichten. Die römischen Kaiser ließen sich „Gott" nennen, „Sohn Gottes", „Retter
Der Sohn Gottes, der Retter der Welt – das ist Jesus Christus und nicht der Kaiser
der Herr" zu schwören. Das kostete vielen von ihnen das Leben.

den Frieden gebracht hatte, die so genannte Pax Romana. Während der
Meeren und der Handel blühte. Um ihre Dankbarkeit zu zeigen, hatte sich die
Oktavian – den späteren Kaiser Augustus – um die Erlaubnis, die Stadt Rom
hnen erlaubte. Der Seher Johannes nennt Pergamon in seiner Offenbarung deshalb
Rom als das große „Tier", das Gott lästert (Offenbarung 13,1-10). Die Verehrung
schen Reich. Viele Städte konnten gar nicht schnell genug Tempel für ihn
ler Welt" oder auch „Herr und Gott". Für die Christen im Römschen Reich war klar:
n Rom. Deshalb weigerten sich die Christen, den kaiserlichen Treueid „Cäsar ist

DER UNTERGANG JERUSALEMS

Nicht nur die Christen, sondern auch die Juden wehrten sich gegen die Verehrung des römischen Kaisers als Gott. Für sie gab es nur einen Gott, dem sie die Ehre erweisen wollten: Jahwe, der Gott Abrahams, Isaaks und Jakobs. Im Jahr 66 n. Chr. forderte der römische Statthalter in Judäa einen Teil des Jerusalemer Tempelschatzes, der dazu beitragen sollte, dass Rom nach dem großen Brand wieder aufgebaut werden konnte. Daraufhin brach ein Aufstand in der ganzen Provinz los. Die Zeloten riefen das jüdische Volk zum offenen Aufstand gegen die Römer auf. Zunächst waren sie erfolgreich und konnten die römischen Truppen aus Jerusalem vertreiben. Doch Rom schlug mit harter Hand zurück. Kaiser Nero sandte Vespasian nach Galiläa, das er wieder unterwerfen konnte. Als Vespasian Kaiser Nero auf dem Thron nachfolgte, sandte er seinen Sohn Titus nach Jerusalem und ließ die Heilige Stadt belagern. Im Jahr 70 n. Chr. wurde Jerusalem dann von den Truppen Titus' dem Erdboden gleichgemacht. Der Tempel wurde endgültig zerstört und nie wieder aufgebaut, Tausende Jüdinnen und Juden getötet und die Überlebenden in alle Welt zerstreut.

Römische Soldaten tragen im Triumphzug den goldenen siebenarmigen Leuchter aus dem Jerusalemer Tempel.

GLAUBENSWELT
DER BIBEL

JÜDISCHE FESTE IM JAHRESKR

S eit jeher verstehen sich die Juden besonders gut aufs Festefeiern. Wo immer sie verstreut sind in aller Welt, an den Festtagen erleben sie, dass sie zusammengehören als Gottes Volk. Feste führen Menschen zusammen, stimmen sie froh und geben neuen Schwung für den Alltag. Viele Feste werden gefeiert, damit wir uns an wichtige Ereignisse erinnern. Auch Jesus hat zusammen mit seinen Freundinnen und Freunden die jüdischen Feste gefeiert. Deshalb hat das Christentum einige dieser jüdischen Feste übernommen und ihnen im Hinblick auf Jesus Christus eine neue Bedeutung gegeben.

DER JÜDISCHE JAHRESKREIS

Viele der jüdischen Feste waren ursprünglich Hirten- und Bauern des Jahreszeiten orientiert haben. Später wurden diese Feste mit der Geschichte Israels verknüpft. Im ersten Schöpfungsbericht sagt Sonne und den Mond als Zeichen geschaffen hat, die helfen sollen, zu bestimmen (Genesis 1,14). Die Zeitrechnung ist also schon seit dieser beiden Himmelskörper verknüpft.

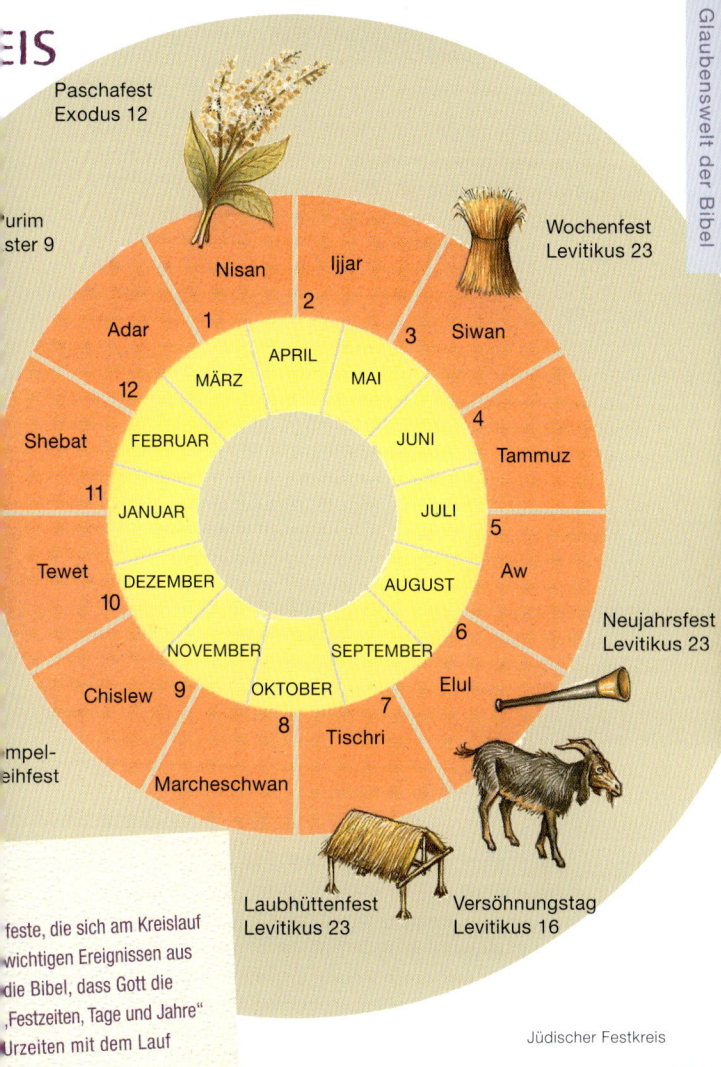

Paschafest
Exodus 12

Wochenfest
Levitikus 23

Purim
...ster 9

Neujahrsfest
Levitikus 23

...mpel-
...eihfest

Nisan
Ijjar
Adar
1
2
Siwan
3
APRIL
MÄRZ
MAI
12
Shebat
FEBRUAR
JUNI
4
Tammuz
11
JANUAR
JULI
5
Tewet
DEZEMBER
AUGUST
Aw
10
6
NOVEMBER
SEPTEMBER
Chislew
9
OKTOBER
Elul
8
7
Marcheschwan
Tischri

Laubhüttenfest
Levitikus 23

Versöhnungstag
Levitikus 16

feste, die sich am Kreislauf
wichtigen Ereignissen aus
die Bibel, dass Gott die
„Festzeiten, Tage und Jahre"
Urzeiten mit dem Lauf

Jüdischer Festkreis

ZEITRECHNUNG

Der Tag, der im Judentum von einem Sonnenuntergang bis zum nächsten dauert, war im Altertum die grundlegende Einheit für die Berechnung der Zeit. Die Dauer eines Monats wurde nach dem Mondzyklus bestimmt. Schwieriger wurde es mit der Bestimmung der Dauer eines Jahres. Wenn das Jahr auch nach dem Lauf des Mondes bestimmt wird, stimmt es nicht mit der Umlaufzeit der Erde um die Sonne überein, die ja etwa 365 Tage beträgt. Deshalb lässt sich die Länge eines Jahres viel genauer nach der Sonne bestimmen. Allerdings war es für die Menschen des Altertums schwieriger, den Beginn des Jahres nach dem Stand der Sonne festzulegen. Deshalb entwickelte sich mit der Zeit eine Mischung aus Sonnenjahr und Mondmonaten, auf der unser Kalender noch heute beruht. Zur Zeit der umherziehenden Nomaden hatten diese Unterschiede noch keine große Bedeutung. Für sie war es einfacher, sich am Mondjahr zu orientieren, auch wenn es eigentlich elf Tage zu kurz ist. Später wurde es wichtig, einen offiziellen Kalender zu haben, nach dem sich alle richten konnten. Deshalb gab es auch in Israel zur Zeit der Könige schon einen Kalender, der 12 Monate und 365 Tage hatte.

DER GEZER-KALENDER

Anfang des 20. Jahrhunderts wurde in der Stadt Gezer, 50 km von Jerusalem entfernt, ein beschriebener Kalkstein gefunden, der aus dem 10. Jahrhundert v. Chr. stammt, also aus der Zeit von König Salomo. Dort ist auf frühem Hebräisch der Ablauf der 12 Monate des jüdischen Jahres notiert. Die Abfolge von Saat und Ernte bestimmt auch die Abfolge der Feste im Judentum. Allerdings hat sich im Laufe der Jahrhunderte und Jahrtausende der Beginn des Jahres verändert, weil das Volk Israel sich immer wieder nach anderen fremden Herrschern und Kulturen zu richten hatte. In frühen Zeiten begann das Jahr im Herbst, am ersten Tag des Monats Tischri, später begann es im Frühjahr, mit dem Monat Nisan.

Der 3000 Jahre alte Gezer-Kalender (Museum für den antiken Orient, Istanbul).
Die Übersetzung des Textes lautet:
zwei Monate Ernte (gemeint ist wahrscheinlich die Olivenernte)
zwei Monate Aussaat (wahrscheinlich Getreidesaat)
zwei Monate letzte Saat (wahrscheinlich Gemüse)
ein Monat Vorbereitung des Feldes für die Leinsaat
ein Monat Gerstenernte
ein Monat Ernte und Erntedankfest (wahrscheinlich Weizenernte)
zwei Monate Arbeit im Weinberg
ein Monat Früchte des Sommers

Dreimal im Jahr pilgerten die gläubigen Juden zu Fuß nach Jerusalem (Deuteronomium 16,16-17). Sie zogen in fröhlichen Gruppen zum Tempel, brachten dort Opfer dar und feierten miteinander mit Liedern, Psalmen, Gebet und Tanz. Seit der Zerstörung des Tempels im Jahr 70 n. Chr. wurden auch die Wallfahrtsfeste innerhalb des Hauses im Kreis der Familie gefeiert.

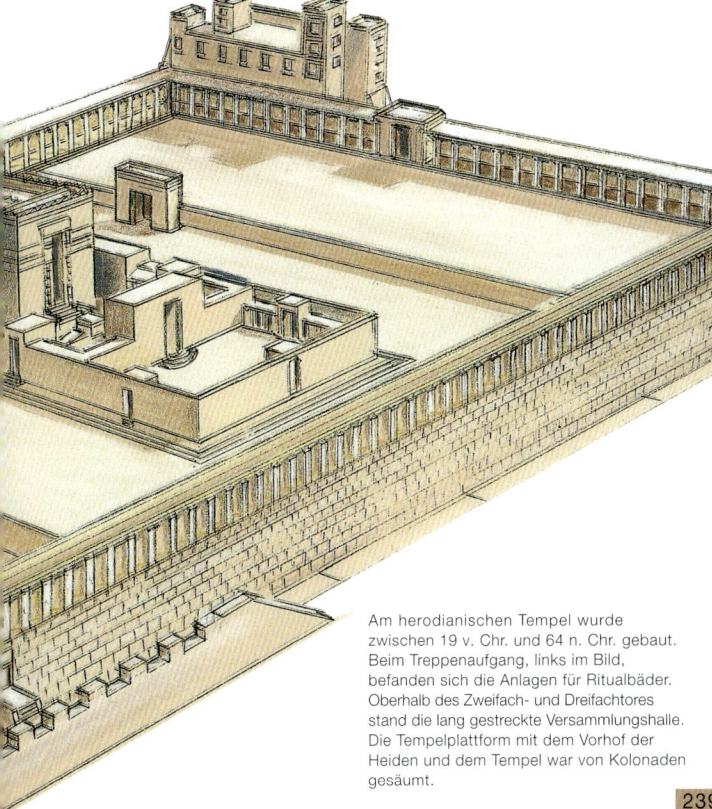

Am herodianischen Tempel wurde zwischen 19 v. Chr. und 64 n. Chr. gebaut. Beim Treppenaufgang, links im Bild, befanden sich die Anlagen für Ritualbäder. Oberhalb des Zweifach- und Dreifachtores stand die lang gestreckte Versammlungshalle. Die Tempelplattform mit dem Vorhof der Heiden und dem Tempel war von Kolonaden gesäumt.

Paschamahl

DAS PESSACH- ODER PASCHAFEST

Das Pessach- oder Paschafest (gesprochen: Pas-chafest) ist ein Frühlingsfest; es wird im März oder April gefeiert. Die feiernden Juden erinnern sich an die Befreiung aus der Unterdrückung, an den Exodus. Das Pessachfest dauert eine ganze Woche und ist mit dem Fest der ungesäuerten Brote (hebräisch „Mazzot") verbunden. In dieser Woche essen die Juden nur ungesäuertes Brot, das an den eiligen Aufbruch aus Ägypten erinnert (Levitikus 23,6-8).

Wahrscheinlich war das Abschiedsmahl Jesu auch ein Paschamahl. Die Christen feiern dieses letzte Abendmahl in den Kar- und Ostertagen und denken dabei an das Geheimnis von Tod und Auferstehung Jesu.

DAS SEDERMAHL

Am so genannten Sederabend, dem Auftakt des Pessachfestes, wird das Seder- oder Pessachmahl gefeiert. Zu Beginn fragt das jüngste Kind: „Wodurch unterscheidet sich diese Nacht von allen anderen?" Darauf liest oder erzählt der Hausvater die Geschichte vom Auszug aus Ägypten (Exodus 12,11-28). So werden die Gläubigen an Gottes Versprechen erinnert, seinen Todesengel an ihren Häusern „vorübergehen" (hebräisch: „pessach") zu lassen. Die Geschichte vom Aufbruch in dieser Nacht wird im Lauf dieses besonderen Mahles nachempfunden. Jede der Speisen auf dem Tisch ist zugleich ein Symbol:

* **Ungesäuertes Mazzenbrot** ist ein Symbol für die Eile, in der das Volk Israel aus Ägypten fliehen musste, sodass nicht einmal der Brotteig aufgehen konnte.
* **Salzwasser** ist ein Symbol des Weines über die Zerstörung des Tempels, wo früher die Pessachlämmer geopfert wurden.

Auf einem großen Teller, der „Sederteller" genannt wird, sind bis heute im Judentum folgende Speisen angeordnet:

* **Karpass**: Sellerie, Radieschen, Petersilie oder auch Kartoffeln als Früchte der Erde.
* **Maror**: ein Bitterkraut, Lattichblätter oder Meerrettich als Zeichen der Bitterkeit der Sklavenzeit in Ägypten.
* **Charosset**: eine süße, braune Paste aus Äpfeln, Feigen, Nüssen oder Mandeln, mit Zimt bestreut, soll an den Lehm erinnern, aus dem die Israeliten Ziegel herstellen mussten.
* **Seroa**: ein gerösteter Lammknochen, der an die Pessachlämmer erinnert, die im Jerusalemer Tempel geopfert wurden. Weil der Tempel seit 70 n. Chr. zerstört ist, wird heute bei sehr frommen Juden kein Lammbraten mehr an Pessach gegessen. Die christliche Kirche hat die alte Tradition der Lammkeule zu Ostern übernommen.
* **Beitzah**: ein hartgekochtes Ei ist Zeichen der Gebrechlichkeit des menschlichen Geschicks und Zeichen der Trauer um den zerstörten Tempel in Jerusalem.
* **Chaseret**: ein Zweig oder Strauß bitterer Kräuter, der nicht gegessen wird.
* Ein Becher mit Wein für den Propheten Elijá.

Die ungesäuerten Brote an Pascha werden „Mazzen" genannt.

DAS WOCHENFEST (PFINGSTEN) – SCHAWUOT

Sieben Wochen nach Pessach wird nach jüdischer Tradition der Abschluss der wuot" („Wochen"). Zugleich erinnern sich die Juden an die Gabe der Tora. Die fünf Bücher der Moment, an dem Gott auf dem Berg Sinai die Tafeln mit den Zehn Geboten an Mose wichtiges Ereignis für jüdische Kinder, denn sie gehen an diesem Tag zum ersten Mal in

Die Christen feiern an Pfingsten die Gabe des Heiligen Geistes, der die Apostel Unser Wort „Pfingsten" ist vom griechischen Wort „pentekoste" (fünfzigster) abgeleitet,

Darbringung der Früchte

...Weizenernte gefeiert, also im Mai oder Juni. Das Wochenfest heißt auf Hebräisch „Scha-
...Mose sind das Kernstück des jüdischen Glaubens. Besonders gefeiert wird an Schawuot
...übergeben hat (Levitikus 23,15-22; Deuteronomium 16,9-12). Schawuot ist auch ein
...die Schule. Dazu bekommen sie einen besonderen Honigkuchen mit Versen aus der Tora.
...stark und mutig machte, die Frohe Botschaft in die Welt hinauszutragen (Apostelgeschichte 2).
...weil das jüdische Pfingstfest am fünfzigsten Tag nach Pessach bzw. Ostern gefeiert wird.

DAS LAUBHÜTTENFEST – SUKKOT

Während dieses Erntedankfestes zur Zeit der Weinlese, also im September oder Oktober, leben die Juden acht Tage lang in selbst gebauten Hütten aus belaubten Zweigen, Palmblättern und Blumen. Sie werden „Sukka" („Laubhütte") genannt. Heutzutage baut man die Sukka oft in den Garten oder auf den Balkon. Von ihnen hat das Fest seinen Namen. Diese Hütten sind offen für alles, was vom Himmel kommt: für Sonnenstrahlen, Sternenlicht und auch für ersehnte Regentropfen. Sie sind eine Erinnerung an die Wüstenzeit, in der das Volk in zeltähnlichen Hütten hauste. Während des Laubhüttenfestes dankt man Gott auch für das Ende der Ernte und der Weinlese. Acht Tage lang wird gut gegessen, gefeiert, gesungen, getanzt. Ein besonders gebundener Feststrauß aus Dattelpalmzweigen, Myrten und Bachweiden wird unter Hosiannarufen herumgetragen, geschüttelt, geschwenkt (Levitikus 23,33-36; Deuteronomium 16,13-15).

Anschließend wird am 9. Tag noch das Fest der Torafreude – auf Hebräisch „Simchat Tora" genannt – mit fröhlich lauten Umzügen begangen. Dieser Tag dient der Freude über Gottes Gebote, wie sie in der Tora aufgezeichnet sind.

Laubhütte

Zum Laubhüttenfest bringen die Feiernden Feststräuße aus vier Pflanzen mit: einen Palmzweig (hebräisch Lulaw), drei Myrten-zweige (Hadassim), zwei Bachweiden-zweige (Arawot) und den Etrog, eine Sorte der Zitronatzitrone.

WEITERE FESTE

Ein Priester bläst das Widderhorn, das Schofar

DAS NEUJAHRSFEST – ROSCH HA-SCHANA

Das jüdische Jahr beginnt im September mit dem Blasen des Widderhorns, das „Schofar" genannt wird (Numeri 29,1; Levitikus 23,23-25). Alle werden aufgerufen, der Erschaffung der Welt zu gedenken. Das Rufen des Schofar lädt jeden ein, an den folgenden zehn Bußtagen über das eigene Leben nachzudenken und sich wieder Gott zuzuwenden. Rosch Ha-Schana soll die Gläubigen vorbereiten auf das kommende Fest, den Versöhnungstag.

Jom Kippur, der heiligste Tag
im Jahr gläubiger Juden

DER VERSÖHNUNGSTAG – JOM KIPPUR

Dieses Fest ist für gläubige Juden der heiligste Tag im Jahr. An diesem Fast- und Ruhetag bekennt das ganze Volk in einem Ritual seine Fehler vor Gott und bittet um Vergebung (Levitikus 16,21-32; Numeri 29,7-11). Heute ruht an diesem Tag das gesamte öffentliche Leben in Israel. Es gibt kein Fernseh- oder Radioprogramm, auf den Straßen fahren keine Autos und Restaurants oder Cafès haben geschlossen. Als der Tempel noch stand, wurde ein Ziegenbock symbolisch mit allen Sünden Israels beladen. Der so genannte Sündenbock musste die Schuld des ganzen Volkes weit weg in die Wüste tragen. Diese Symbolhandlung sollte zum Ausdruck bringen: Gott denkt nicht mehr an eure Sünden.

DAS LICHTERFEST – CHANUKKA

Das hebräische Wort „Chanukka" bedeutet Einweihung. Denn an Chanukka erinnern sich gläubige Juden an die erneute Einweihung des Tempels im Jahre 165 v. Chr. und die Befreiung von griechisch-syrischer Herrschaft. Im Dezember, wenn sich Christen auf Weihnachten einstimmen, wird dieses jüdische Freudenfest gefeiert. Es dauert acht Tage; an einem achtarmigen Leuchter wird an jedem dieser Tage ein weiteres Licht entzündet.

Chanukka-Leuchter

Das Buch Ester erzählt, wie die junge und schöne Jüdin Ester das Herz des Perserkönigs Darius gewinnt – und so ihr Volk retten kann.

PURIM – FEST DER FREUDE (ODER DER LOSE)

Jung und Alt feiern fröhlich und ausgelassen; sie erinnern sich an die Rettung der Juden durch Königin Ester. Die Kinder verkleiden sich wie bei uns an Karneval und bekommen Geschenke. Das Buch Ester wird gelesen und nachgespielt. An diesem Tag wird auch in der Synagoge laut und viel gelacht, anschließend gibt es gutes Essen, bei dem der Wein nicht fehlen darf.

DAS OFFENBARUNGSZELT

Auf ihren Wanderungen durch die Wüste konnten die Israeliten natürlich keinen festen Tempel bauen. Aber sie errichteten immer in der Mitte ihres Lagers ein Zeltheiligtum, denn Gott sollte der Mittelpunkt ihres Lebens sein. Dort wurde gebetet, gesungen, gefeiert, geopfert, Gott befragt. Dort konnte man seine Nähe und die der Gemeinschaft erleben. Dieses Zelt der Begegnung wurde auch Offenbarungszelt oder Stiftshütte genannt. Nach dem Grundplan dieses Zeltheiligtums ließ Jahrhunderte später König Salomo den Tempel von Jerusalem errichten, allerdings viel größer, prunkvoller und aus Stein.

DAS OFFENBARUNGSZELT

Die Bibel berichtet, dass das Offenbarungszelt der Ort ist, in dem Gott wohnt
Umzäunung aus Leinenvorhängen umgab das gesamte Heiligtum. Vor dem Offenba
seinem ständig brennenden Feuer. Dort wurden jeden Morgen und Nachmittag Opfer
an dem sich die Priester vor den Opferhandlungen waschen konnten. Das eigentliche
Im hinteren Drittel des Zeltes stand die Bundeslade mit bei den Tafeln des Zehnwortes.
man nannte ihn das Allerheiligste. Nur der Hohepriester durfte es einmal im Jahr am
um für die Sünden des Volkes zu opfern (Levitikus 16). Im vorderen Teil des Zeltes
broten (ein Brot für jeden der 12 Stämme) und der sieben armige Leuchter, die

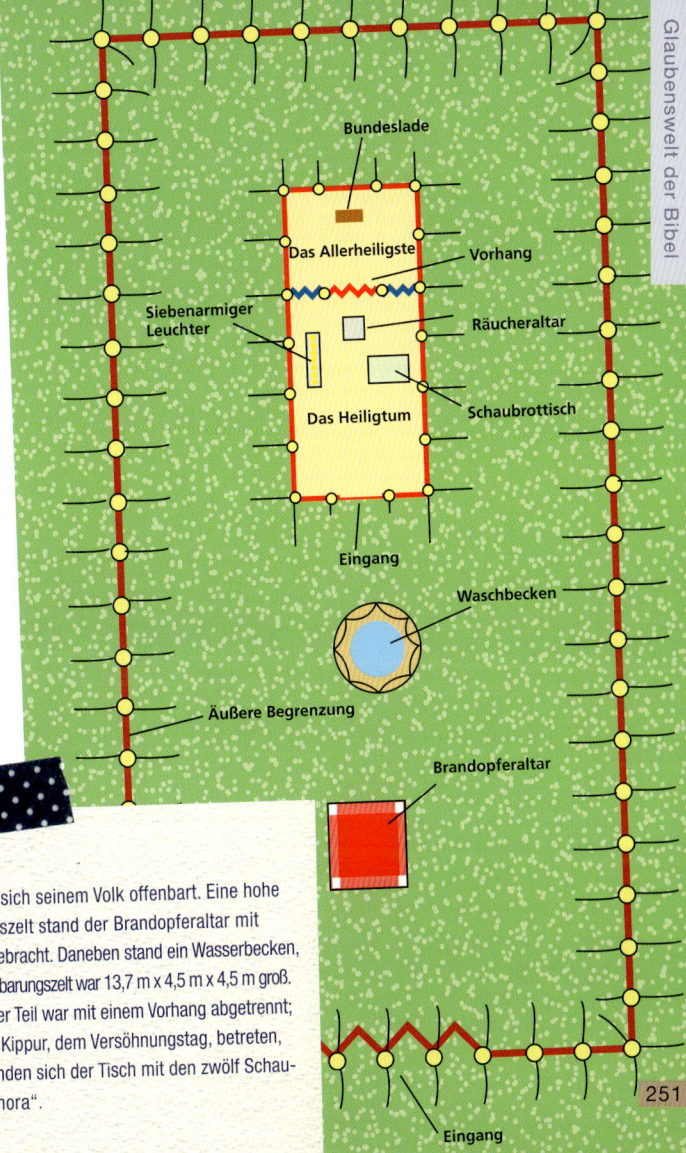

Bundeslade

Das Allerheiligste

Vorhang

Siebenarmiger Leuchter

Räucheraltar

Das Heiligtum

Schaubrottisch

Eingang

Waschbecken

Äußere Begrenzung

Brandopferaltar

...und sich seinem Volk offenbart. Eine hohe
...rungszelt stand der Brandopferaltar mit
...dargebracht. Daneben stand ein Wasserbecken,
...Offenbarungszelt war 13,7 m x 4,5 m x 4,5 m groß.
...Dieser Teil war mit einem Vorhang abgetrennt;
...Jom Kippur, dem Versöhnungstag, betreten,
...befanden sich der Tisch mit den zwölf Schau-
...„Menora".

Eingang

Versuch einer Rekonstruktion des Offenbarungszelts auf Grund von Texten aus der Bibel

DIE BUNDESLADE

Israels heiligster Gegenstand war die Lade, in der die beiden Steintafeln mit dem Zehnwort lagen. Die Lade war aus Akazienholz gefertigt (1,2 m x 0,6 m x 0,6 m) und ganz mit Gold überzogen. Auf der Deckplatte thronten zwei hölzerne Kerubim mit ausgebreiteten Flügeln, die Gottes schützende Gegenwart verdeutlichen sollten. Durch Ringe an jeder ihrer Ecken konnten Stangen gezogen werden. So konnten sie getragen werden, ohne dass sie die Träger berühren mussten. Die Bundeslade begleitete das Volk Israel in der Wüste und im Krieg (Josua 6,11-13; 1 Samuel 4–6).

Der siebenarmige
Leuchter, die Menora

DIE MENORA

Dieser siebenarmige Leuchter
gehörte zur Ausstattung des
Offenbarungszeltes. Er beleuchtete
den vorderen Teil des Heiligtums
mit seinem „ewigen" Licht (Exodus
25,31-40; 27,20). Die Menora
ist eines der ältesten Symbole
des Judentums und das zentrale
Symbol des Staates Israel.

Nachbildung der trag-
baren Bundeslade
aus Akazienholz, die mit
Gold überzogen war

Zur Zeit der Erzväter konnte jeder Mann Priester in einem Heiligtum sein. Später durften nur Männer aus dem Stamm Levi Priester werden. Nicht alle Leviten wurden Priester, aber sie waren immer im religiösen Leben engagiert und übernahmen mehr oder weniger wichtige Aufgaben. Zu den Pflichten der Priester gehörte nicht nur das Opfern. Sie segneten das Volk, bliesen das Schofarhorn, um die Festzeiten anzukündigen und wachten auch über die Lichter des Tempels, die immer brennen mussten.

Zwei Priester am Räucheraltar

GABEN

DIE PRIESTER

Im Alten Testament dienten Priester als eine Art Vermittler zwischen den sündigen Menschen und dem heiligen Gott. Moses Bruder Aaron und seine vier Söhne wurden als Erste für diese Aufgabe ausgewählt. Nur ihre Nachkommen konnten ihnen in diesem Amt nachfolgen. Für sie galten strenge Regeln, die sagten, wie sie sich kleiden und verhalten sollten. Die Priester waren nicht nur verantwortlich für das Opfer; sie sollten dem Volk auch helfen, Gottes Gebote zu verstehen und zu bewahren. Dazu gehörte, dass die Priester bei Gerichtsverfahren mitwirkten. Sie warfen auch das Los mit den „Urim" und „Tumim". Das waren unterschiedlich gefärbte Steine, die die Priester warfen, wenn sie den Willen Gottes in einer Sache erfahren wollten. Sie hatten gelernt, ihn aus der Lage der Steine nach dem Wurf herauszulesen. Die Leviten, der Stamm, zu dem Aaron gehörte, wurden dazu bestimmt, den Priestern bei ihrer Arbeit zu helfen.

DER HOHEPRIESTER

Der Hohepriester ist das Oberhaupt im Gottesdienst und leitet die wichtigsten am Versöhnungstag das Allerheiligste zu besondere Kleidung, die ihn von allen

* der Efodmantel aus violett-purpurfar die den Eintritt des Priesters ins Offen
* das Efod, eine kurze, golddurchwirkte Tempels: violetter und roter Purpur, waren zwei Karneolsteine befestigt,
* Die Lostasche mit zwölf gefassten war mit zwei Goldschnüren am Efod
* Am Turban war vorne eine Gold „Heilig dem Herrn" eingraviert war.

Assyrische Schlachtopferszene

DAS OPFER

Im Altertum gehör
Bei manchen Anlässen
einem Altar verbrannt.
worden. Später wurden
Im alten Orient
Deshalb war es den
Gabe antworteten, um
mit Gott, sie dankten
Eine Sünde durch ein
völkern Israels werden
die in der Frühzeit bei
Haus- und Arbeitstiere,
und mindestens sieben
Für das Volk Israel
davor gewarnt, das
zu beugen. Als der
schafft. Jetzt rücken

Räucheraltar aus Megiddo

aller Priester. Er hat eine besondere Rolle
Feiern. Nur er hat das Recht,
betreten. Der Hohepriester trägt eine
anderen Priestern unterscheidet:
benem Leinen mit Glöckchen am Saum,
barungszelt ankündigen
Tunika in den vier heiligen Farben des
Karmesinrot und Weiß. An den Schultern
die die Namen der Stämme Israels tragen.
Edelsteinen – einen für jeden Stamm –
befestigt.
rosette angebracht, auf der die Inschrift

ten Opfer zu allen Religionen. Beim Opferritus wurde zu Ehren des Gottes ein Tier getötet.
opferte man auch Feldfrüchte oder wohlriechende Harze. Die Opfergaben wurden auf
Die ältesten Altäre waren aus angehäufter Erde und aufgeschichteten Steinen errichtet
sie aus Steinen gehauen oder aufgebaut.
waren Geschenke sehr wichtig, wenn man Beziehungen und Freundschaften pflegen wollte.
Gläubigen selbstverständlich, dass sie auf die Wohltaten Gottes mit einer persönlichen
sich dankbar zu zeigen. Durch das Opfer traten die Männer und Frauen der Bibel in Kontakt
ihm für seine Gaben oder baten ihn um seinen Segen oder um Vergebung ihrer Sünden.
Opfer bei Gott wiedergutzumachen, nannte man „Sühne". Anders als bei den Nachbar-
Opfer im Alten Testament nicht als Nahrung Gottes verstanden. Auch Menschenopfer,
vielen Völkern üblich waren, lehnt die Bibel entschieden ab (Levitikus 20,1-5). Nur noch
also Rinder, Schafe, Ziegen und Tauben, durften geopfert werden. Sie mussten makellos
Tage alt sein.
waren die Opfer eine Form des Gebetes. Allerdings haben die Propheten immer wieder
Opfer als eine Art Zauber zu verstehen, die Gott zwingt, sich den Wünschen der Menschen
Tempel in Jerusalem von den Römern zerstört wird, werden die Opfer im Judentum abge-
das Lesen und Lernen der Heiligen Schrift und das Gebet in den Mittelpunkt des religiösen Lebens.

DER TEMPEL SALOMOS

Mit dem prachtvollen Tempel, den Salomo in Jerusalem erbauen ließ, verwirklichte der Sohn die Pläne seines Vaters David. Die Bauzeit des ehrgeizigen Projekts betrug sieben Jahre. Salomo ließ kostbare Baumaterialen für den Tempel nach Jeru-

Der Tempel Salomos stand ungefähr am Ort des heutigen Felsendoms. Der genaue Standort ist jedoch nicht mehr feststellbar. Das Bauwerk wird in 1 Könige 6–7 und 2 Chronik 3–4 beschrieben. Es war rechteckig gebaut und in Ost-West-Richtung orientiert. Vor dem Tempel standen wahrscheinlich der Brandopferaltar und seitlich ein großes Bronzebecken für rituelle Waschungen. Das Portal war von zwei Säulen umrahmt. In der Tempelhalle fanden Gottesdienste statt. In der Halle standen der Schaubrottisch, der Räucheraltar, Opfergeräte und Leuchter. Weiter hinten, durch Zypressenholztüren abgetrennt, befand sich das Allerheiligste mit der Bundeslade (1 Könige 8,1-9). Es wurde nur einmal im Jahr vom Hohenpriester am Versöhnungstag betreten. Die Räume waren mit Zedernholz verkleidet und reich verziert. 587 v. Chr. wurde der Tempel von dem babylonischen König Nebukadnezzar ausgeraubt und zerstört (2 Könige 25,9-17).

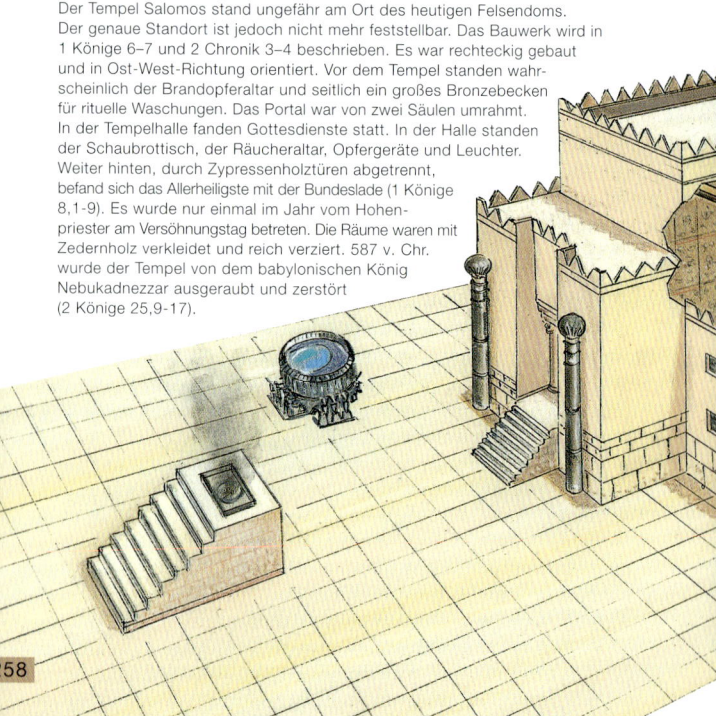

salem bringen. Dazu gehörte das edle Zedernholz aus dem Libanon, die er sich von Hiram, dem König von Tyrus, schicken ließ. Mit großen Flößen wurden die Zedernstämme über das Meer nach Israel gebracht. Aus Phönizien kamen viele Handwerker und Künstler nach Jerusalem. Ungefähr 100.000 Männer arbeiteten am Tempel. Er stand bis 586 v. Chr., als die Babylonier Jerusalem eroberten und alles zerstörten.

An derselben Stelle wurden dann später zwei weitere Tempel gebaut; der erste, sehr viel kleiner, nach der Rückkehr aus der Babylonischen Gefangenschaft. Den zweiten ließ Herodes der Große zur Zeit Jesu errichten. Heute steht auf dem Tempelplatz in Jerusalem der Felsendom, die drittheiligste Stätte der Muslime.

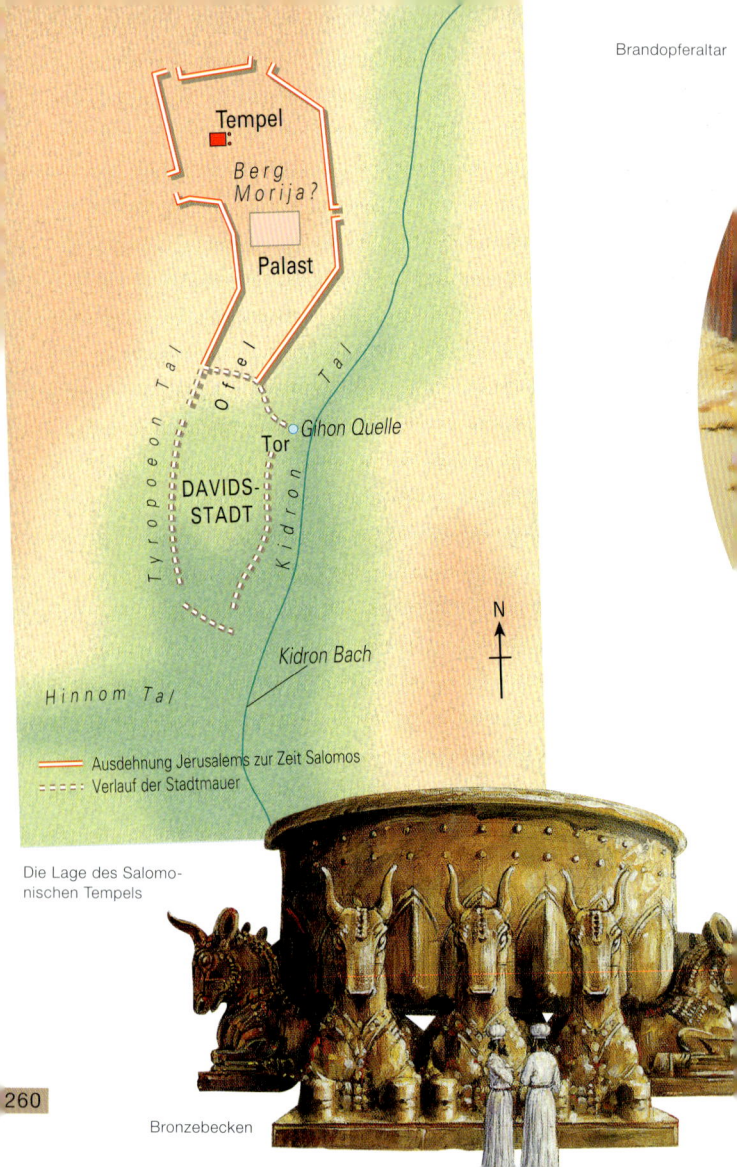

Brandopferaltar

Tempel

Berg Morija?

Palast

Tyropoeon Tal

Ofel

Kidron Tal

Gihon Quelle

Tor

DAVIDS-STADT

Kidron Tal

Hinnom Tal

Kidron Bach

N

—— Ausdehnung Jerusalems zur Zeit Salomos

----- Verlauf der Stadtmauer

Die Lage des Salomo-nischen Tempels

Bronzebecken

DER TEMPEL

Schon Salomos Vater David hatte für den Bau des Tempels den Berg Morija bestimmt (2 Chronik 3,1). In der Bibel wird die äußere Gestalt des Tempel von Salomo genau beschrieben (1 Könige 6).

* Der Tempel war 60 Ellen lang, 20 Ellen breit und 30 Ellen hoch (rund 30 m x 10 m x 15 m) und stand auf einem erhöhten Sockel. Nur Priester durften den Tempel betreten. Das Volk versammelte sich vor dem Tempelgebäude im Freien, im äußeren Vorhof. Der innere Vorhof war ebenfalls nur für die Priester bestimmt.
* Die Vorhalle maß etwa 5 m auf 10 m. Davor standen zwei freistehende Bronzesäulen.
* Der Vorraum des Tempels wurde das „Heilige" genannt. Er war mit Zedernholz getäfelt. In ihm standen zehn Leuchter, die immer brannten, ein goldener Räucheraltar und der Schaubrottisch.
* Das Allerheiligste hatte mit Gold überzogene Wände. Zwei riesige goldene Engel-figuren, die Kerubim, wachten dort über die Bundeslade.
* Der Tempel war ringsum umgeben mit Vorratskammern auf drei Stockwerken.
* Das so genannte „eherne Meer" war ein Wasserbecken, das von zwölf Bronze-stieren getragen wurde. Dort konnten sich die Gläubigen reinigen und rituelle Waschungen vollziehen.

DER TEMPEL DES HERODES

W er nicht den Tempel des Herodes gesehen hat, hat in seinem Leben auch
kein schönes Ge-
bäude gesehen.
Woraus es
gemacht war?
Aus Marmor-
steinen in den
unterschied-
lichsten Farben:
blau, rot und
grün. Eigentlich
wollte Herodes
die Steine mit
Gold bedecken,
aber die Weisen
rieten ihm ab.
So ist es schöner
geworden, denn

die Steine wirken wie die Wellen des Meeres"
(Babylonischer Talmud, Baba Batra 4a).

DER TEMPEL DES HERODES

Herodes ließ den Tempel so vergrößern, dass er ein Sechstel der gesamten Stadtfläche einnahm und das Stadtbild beherrschte. Der Bau wurde 19 v. Chr. begonnen und 64 n. Chr. vollendet, also erst Jahrzehnte nach Herodes' Tod. Mit dem gewaltigen Prachtbau wollte der judäische König seine Untertanen für sich einnehmen und Rom beeindrucken. Aber mit beidem hatte Herodes keinen Erfolg: Seine Untertanen hassten Herodes trotzdem und Rom zerstörte den Tempel 70 n. Chr. am Ende des jüdischen Aufstands.

* Der Tempel war wie zur Zeit Salomos aufgeteilt in einen Vorraum (dem „Heiligen") und – hinter einem Vorhang – dem „Allerheiligsten". Doch anders als zu Salomos Zeiten war dort keine Bundeslade mehr zu finden. Ihre Spuren verlieren sich nach der Zerstörung Jerusalems durch die Babylonier. Da andere Tempelgeräte nach dem Exil wieder aufgetaucht sind, geht man davon aus, dass die Lade mit zerstört wurde.

* Auf dem Vorhof der Priester wurden die Opfertiere geschlachtet, die auf dem Brandopferaltar dargebracht waren. Dort standen auch große Kupferbecken für die rituellen Waschungen.

* Der Vorhof der Israeliten war nur den männlichen Betern vorbehalten, die hier ihre Opfer darbrachten.

* Das Nikanortor wurde auch die „Schöne Pforte" genannt (Apostelgeschichte 3,10). Es war über 15 Treppenstufen zu erreichen und trennte den Bereich, den auch Frauen betreten durften, von dem der Männer.

* Im Frauenvorhof standen dreizehn Geldkästen, die wie Trompeten geformt waren. Dort wurden die Spenden der Pilger gesammelt.

* Der Hof der Heiden war für jedermann zugänglich. Er

Vernichtung des Jerusalemer Tempels

war umgeben mit einer Säulenhalle,
in der die Schriftgelehrten ihre Schüler unter-
richteten. Hier wurden aber auch Handels-
geschäfte abgewickelt und das Geld der Pilger
in die Tempelwährung umgewechselt,
in der die Spenden entrichtet werden mussten.
Auch Jesus lehrte hier und vertrieb
die Händler und Geldwechsler, als sie die
Andacht und die Würde des Ortes störten.

Der siebenarmige
Leuchter wird von
römischen Soldaten
weggetragen.

DIE PILGER

An den jüdischen Feiertagen kamen Zehntausende von Pilgern nach Jerusalem. Dann schien die Stadt regelmäßig aus allen Nähten zu platzen. Viele konnten nicht in Privathäusern in Jerusalem selbst unterkommen und verbrachten die Nacht in Betfage, Betanien oder anderen umliegenden Dörfern. Andere kamen auch in Zeltstädten unter, die in den Tälern rings um Jerusalem aufgestellt wurden. Die meisten Pilger kamen mit Lasttieren an, die die Verpflegung für die ganze Familie trugen. Außerdem brachten viele auch ihre Opfertier mit, weil sie sich die Preise in Jerusalem nicht leisten konnten. Weil die Pilgerreise ein besonderes und aufregendes Ereignis war, fingen viele Pilger an zu tanzen und zu singen, wenn sie in Jerusalem ankamen. Die meisten legten ihren Weg zum Tempel schon vor dem Morgengrauen zurück. Sie reinigten sich sorgfältig; entweder in dem Haus, in dem sie untergebracht waren, oder in einem der vielen Bäder, die den Tempelberg umgaben. Dann strömten sie durch eines der vielen Tore in den Tempel hinein. An allen Tempeltoren standen Leviten als Wächter, um Aussätzige fernzuhalten und um die Pilger an die rituellen Waschungen zu erinnern, ohne die man nicht in den Tempel eingelassen wurde.

Levit

LEBEN UND BOTSCHAFT JESU

JESUS UND S

Nach seiner Taufe am Jordan schart Jesus die Menschen um sich. In Galiläa sind die Leute besonders aufgeschlossen für seine Botschaft. Dort beruft er die ersten Jünger. Ihre Zahl steigt ständig. Neben vielen männlichen Begleitern gehören auch einige Frauen zur Jüngerschar. Das ist zu jener Zeit nicht nur höchst ungewöhnlich, sondern für einige Zeitgenossen ein echter Skandal.

Albrecht Dürer, 1471–1528, Die vier Apostel (Johannes, Petrus, Markus, Paulus). München, Alte Pinakothek

EINE JÜNGER

JÜNGER UND JÜNGERINNEN

So werden in der Bibel Menschen genannt, die sich einem Lehrer oder Meister anschließen, um etwas von ihm zu lernen. Jünger waren also eine Art „Lehrlinge". Schon zu Zeiten des Alten Testaments versammelten vor allem die Propheten einzelne Schüler oder eine kleine Gruppe von Vertrauten um sich, die ihnen in ihrem Leben und in ihrer Lehre folgten. Im Neuen Testament versammelt zuerst Johannes der Täufer Jünger um sich. Das Johannesevangelium berichtet, dass Simon Petrus und Andreas Anhänger des Täufers waren, bevor sie zu Jüngern von Jesus wurden (Johannes 1,35-40). Auch viele Frauen gehörten zu seiner Jüngerschar und zogen mit Jesus durch die Lande. Einige der Anhängerinnen unterstützten Jesus auch finanziell. Seine treuesten Jüngerinnen begleiteten Jesus auf seinem Gang ans Kreuz, als ihn seine männlichen Jünger schon alle verlassen hatten. Die bekannteste unter ihnen ist Maria von Magdala. Die Jüngerinnen und Jünger von Jesus sind nicht nur seine Schüler, sondern leben und wirken mit ihm.

Christus und die Apostel auf zwei Seiten eines Elfenbeinkästchens (westfränkisches Reich, um 870) aus dem Stift St. Stephan zu Bamberg. Seit dem zweiten Jahrhundert wurde der astrologische Tierkreis Christus und seinen Aposteln zugeordnet. Im Mittelalter wurden Tierkreiszeichen und Apostel besonders häufig auf Reliquienschreinen kombiniert.

DIE ZWÖLF

Die Zahl Zwölf will in der Bibel fast immer auf die zwölf Stämme Israels hinweisen. Die Zwölf soll Vollständigkeit und Vollendung ausdrücken. Auch von den Evangelisten wird die Zahl Zwölf als Symbolzahl verstanden. Jesus wählt sich deshalb zwölf seiner engsten Jünger aus, um zu zeigen, dass er das Volk Israel in eine neue Zeit führen will. Dieser engste Jüngerkreis wird in den Evangelien deshalb oft auch „die Zwölf" genannt (Markus 3,13-19). Zu ihnen gehören:

* Simon Petrus, ein hitzköpfiger Fischer aus Kafarnaum
* Jakobus, ein Sohn des Zebedäus, ebenfalls ein Fischer aus Kafarnaum
* Johannes, Fischer und Bruder von Jakobus. Petrus und die Zebedäussöhne sind die engsten Freunde von Jesus.
* Andreas, ein Fischer und Bruder des Simon Petrus
* Philippus, aus Betsaida in Galiläa. Vielleicht war er griechischer Herkunft.
* Bartholomäus, wahrscheinlich auch Natanaël genannt, ein einfacher Mann
* Matthäus, Zöllner

* Thomas, bekannt dafür, dass er zunächst die Auferstehung von Jesus anzweifelte
* Jakobus, der Sohn des Alphäus, wurde auch Jakobus der Jüngere genannt.
* Thaddäus, auch bekannt als Judas, Sohn des Alphäus
* Simon Zelotes war vor seiner Zeit als Jünger Mitglied einer jüdischen Unabhängigkeitsbewegung
* Judas Iskariot, der Schatzmeister der Zwölf, verriet Jesus an den Hohenpriester in Jerusalem.

Nach der Auferstehung von Jesus werden diese zwölf Jünger auch „Apostel" genannt. Dieses griechische Wort bedeutet „Gesandte". Die Apostel haben die Aufgabe, die Frohe Botschaft von Jesus in aller Welt zu verkünden und den Glauben an den auferstandenen Christus zu wecken.

MENSCHEN BEGEGNEN JESUS

Überall, wo Jesus hinkam, suchten die Menschen seine Nähe. Er ging anders mit den Menschen um, als es seine Zeitgenossen gewohnt waren. Jesus machte keine Unterschiede zwischen ihnen. Er ging auch denen nicht aus dem Weg, die von allen anderen verachtet wurden. Gerade für die Vernachlässigten und die Ausgeschlossenen hatte er immer ein gutes Wort oder eine wohltuende Berührung.

ARME

Viele Menschen zur Zeit von Jesus waren sehr arm. Sie hatten keinen festen Beruf, sondern mussten als Tagelöhner arbeiten. Das bedeutete, dass sie für einen Tag – vom Morgengrauen bis zum Sonnenuntergang – eingestellt wurden. Sie verdingten sich als Hirte, im Weinberg oder beim Fischfang. Ihre Bezahlung betrug ein Denar und ein Mittagessen. Dass Jesus die Nöte dieser Menschen genau kannte, verrät sein Gleichnis von den Arbeitern im Weinberg (Matthäus 20,1-16).

Jesus nimmt sich in den Straßen von Jerusalem eines Kranken an.

KRANKE

Viele Krankheiten, die die Ärzte heute mit modernen Medikamenten schnell in den Griff bekommen, konnten zur Zeit von Jesus nicht geheilt werden. Krüppel oder Blinde gab es viele. Sie konnten sich ihren Lebensunterhalt nicht mehr mit Arbeit verdienen und waren auf das Betteln angewiesen. Jesus heilte viele Blinde, etwa Bartimäus aus Jericho (Markus 10,46-52). Wer eine ansteckende Krankheit hatte, traf es ungleich härter. Diese Menschen mussten die Stadt verlassen, um die Gesundheit der anderen zu schützen. Wer sich mit Lepra oder Hautkrankheiten infiziert hatte, war also seiner Rechte als Bürger beraubt. Glück hatte, wer durch seine Familie unterstützt und ernährt wurde. Wer allein war, tat sich mit anderen Kranken zusammen. Manchmal kam es vor, dass Menschen wieder gesund wurden. Sie mussten sich von einem Priester untersuchen lassen. Bestätigte er die Heilung, wurde der Kranke wieder in die Gemeinschaft aufgenommen. Zu Jesus kamen Hunderte von Kranken, die von ihm geheilt werden wollten. Er hatte großes Mitleid, zeigte keine Angst im Umgang mit ihnen und machte sie wieder gesund. Im Gegensatz zu seinen Zeitgenossen war Jesus nicht davon überzeugt, dass Krankheit eine Strafe Gottes war, die er Sündern wegen ihrer bösen Taten auferlegte. Damit brachte er die Frommen seiner Zeit gegen sich auf (Markus 2,1-12)

FRAUEN

Zur Zeit von Jesus besaßen Frauen – anders als heute – nicht dieselben Rechte wie Männer. Sie waren an Haus und Familie gebunden und mussten ihren Vätern und später ihren Ehemännern gehorchen. Mädchen lernten von ihren Müttern alles, was sie wissen mussten. Sie durften nicht in die Synagogenschule gehen und auch keinen Beruf erlernen. Sie waren also darauf angewiesen, von Männern versorgt zu werden – entweder von ihren Vätern und ihren Brüdern oder von ihren Ehemännern. Deshalb waren besonders Witwen, die keinen männlichen Versorger mehr hatten, mehr als arm dran. Anders als andere Männer behandelte Jesus Frauen nicht als Menschen zweiter Klasse. Er hatte viele weibliche Anhängerinnen, behandelte sie mit Respekt und ließ sie als Jüngerinnen an seinem Leben teilhaben (Lukas 10,38-42).

KINDER

Zur Zeit von Jesus waren Kinder völlig rechtlos. Kamen sie in einer armen Familie zur Welt, wurden sie oft als billige Arbeitskräfte ausgenutzt. Solange sie noch klein waren und von ihren Müttern versorgt werden mussten, interessierten sich die Erwachsenen nicht für sie. Deshalb waren die Jünger von Jesus sehr überrascht, dass Jesus sich mit Kindern abgab und sie sogar als Vorbild für sie darstellte (Markus 9, 33-37; 10,13-16).

ZÖLLNER

Die Zolleinnehmer trieben die Steuern für die Römer ein. Ihre Landsleute verachteten sie dafür, dass sie mit den verhassten Besetzern zusammenarbeiteten. Sie setzten sie mit Dieben und Betrügern gleich, weil sie bei den Zöllen, die sie kassierten, oft viel mehr verlangten, als der Steuersatz von den Römern vorschrieb, und den Überschuss behielten. Für viele Zolleinnehmer war das ein einträgliches Geschäft, etwa für den reichen Oberzöllner Zachäus, dem Jesus in Jericho begegnete (Lukas 19,1-10).

FREMDE

Reisende und ausländische Kaufleute wurden zwar freundlich aufgenommen. Aber selbst, wenn sie sich für den jüdischen Glauben und den Gott des Volkes Israel interessierten, durften sie den Tempel in Jerusalem nicht betreten. Anderen Fremden wie den vielen römischen Soldaten stand die jüdische Bevölkerung ausgesprochen misstrauisch gegenüber und mied jeden Kontakt mit ihnen. Doch es gab auch Fremde im eigenen Land. Die Menschen aus Samarien wurden von gläubigen Juden schlicht und einfach verachtet. Diese beiden Völker hassten einander seit Jahrhunderten. Deshalb war es für viele unerhört, dass Jesus forderte, auch mit Feinden respektvoll umzugehen (Lukas 6,27-36). In einem seiner Gleichnisse stellt er sogar einen Samaritaner als Vorbild für die Frommen vor (Lukas 10,29-37).

DIE WUNDER JESU – ZEICHEN

Immer wieder ist in den Evangelien von Wundern zu lesen, die Jesus gewirkt hat. War Jesus so etwas wie ein Zauberer oder ein Superheld mit geheimnisvollen Fähigkeiten? Gewiss nicht! Es geht in diesen Wundererzählungen nicht um einen staunenswerten Hokuspokus. Vielmehr gehören bei Jesus Worte und Taten zusammen. In seinen Gleichnissen beschreibt Jesus das Reich Gottes. Seine Wunder passen zu diesen Gleichnissen. Sie sind nämlich Zeichen. Mit ihnen zeigt Jesus, was geschieht, wenn Gottes Herrschaft anbricht.

Das Lukasevangelium erzählt, dass Jesus den toten Sohn einer Witwe wieder zum Leben erweckt hat (Lukas 7,11-17).

WUNDER UND ZEICHEN

Das Alte Testament kennt unseren Ausdruck „Wunder" nicht. Stattdessen ist dort die Rede von Zeichen und Taten, die Gott wirkt. Nur selten wird im Alten Testament erzählt, dass Menschen Wunder tun. Zu ihnen gehören der Prophet Elija und sein Nachfolger Elischa. Wunder geschehen, wenn Menschen in Not kommen. Ihre wunderbare Rettung wird zum Zeichen für die Macht und Freundlichkeit Gottes. Von Jesus werden mehr als dreißig Wunder erzählt. Sie sind Zeichen dafür, dass das Reich Gottes mit Jesus bereits begonnen hat. Und sie sollen zeigen, dass Gott die Menschen liebt und ihnen seine Gnade schenkt. Die Wunder wollen aber keine Gottesbeweise sein. Von den Gegnern Jesu werden sie sogar als Teufelswerk verdammt. Ohne den Glauben an Jesus nehmen die Menschen seine Wunder also gar nicht angemessen war. Aber wer sich den Wundern Jesu öffnet, kann durch sie genauer erkennen und tiefer begreifen, wie Gott durch seinen Sohn handelt und spricht.

HEILUNGEN

Die meisten Wunder Jesu, die in den Evangelien berichtet werden, waren Heilungen von kranken Menschen. Aus heutiger Sicht kann man auch die Dämonenaustreibungen als Heilungen verstehen, denn Jesus hat hier Menschen von einer Krankheit der Seele gesund gemacht. Solche Heilungen an Körper und Seele haben im Wirken von Jesus eine große Rolle gespielt. Deshalb wird er auch der „Heiland" genannt. Jesus wollte zeigen: Wenn Gott und sein Reich nahe sind, werden die Menschen von Leiden und Krankheit frei und heil. Die Apostelgeschichte berichtet, dass nach der Auferstehung von Jesus seine Jünger die Vollmacht bekamen, in seinem Namen Menschen zu heilen. All diese Heilungsgeschichten zeigen, dass für Jesus und seine Jüngerinnen und Jünger nicht nur jene Menschen wichtig und wertvoll sind, die sich als „normal" bezeichnen, sondern auch die an den Rand Gedrängten, die Kranken, Behinderten, Gebrechlichen, Verkrüppelten, Obdachlosen, Aussätzigen, Verwirrten, Unglücklichen, Andersartigen, Fremden.

NATURWUNDER

Einige der Wunder Jesu sind wohl erst nach dem Tod von Jesus in der ersten Gemeinde entstanden, wie etwa die Geschichte von der Stillung des Sturms (Matthäus 8,23-27) oder die Speisung der Fünftausend (Matthäus 14,13-33). Die ersten Christen hatten Angst vor Verfolgung und fühlten sich bedroht. Sie machten sich Mut durch wunderbare Geschichten ihres Herrn, die zeigten, was es bedeutet, dass Jesus auferstanden ist, dass er ein neues Leben bei Gott führt und trotzdem bei ihnen ist und ihnen Kraft und Mut schenken kann. In diesen Wundergeschichten erzählen die ersten Christen davon, wie viel ihnen Jesus bedeutet und dass er ihr Leben von Grund auf verändert hat. Man kann es vielleicht auch so ausdrücken: Es sind Geschichten vom Auferstandenen, die die Evangelien bereits vor Ostern erzählen.

Der See von Gennesaret war Schauplatz vieler Wunder Jesu.

DIE BOTSCHAFT VOM REICH

Jesus war nicht nur ein großer Heiler, er war auch ein bedeutender Lehrer. Das Besondere an seinen Worten ist, dass er mit ihnen nicht nur den Kopf, sondern auch Herz und Hände der Menschen erreichen will. Sie sollen auch tun, was sie als wichtig für ihr weiteres Leben erkannt haben. Obwohl Jesus oft mit den Gelehrten seiner Zeit diskutiert, liegen ihm die einfachen Leute besonders am Herzen. In kurzen Gleichnissen und Geschichten wendet er sich besonders den Armen und Verfolgten zu; denen, die unterdrückt werden und im Leben zu kurz gekommen sind. Gerade ihnen, so verkündet Jesus, steht Gottes Reich offen.

GOTTES

Jesus lehrte die Menschen nicht nur in Synagogen, sondern überall, wo sie zu ihm kamen – auch in den Hügeln von Galiläa.

DAS REICH GOTTES

Die wichtigste Botschaft, die Jesus weitergeben wollte, war, dass das Reich Gottes hereingebrochen ist. Was damit genau gemeint ist, war auch für die Zeitgenossen von Jesus nicht immer leicht zu verstehen. Das griechische Wort für „Reich Gottes" bedeutet eigentlich „das Königreich oder die Königsherrschaft Gottes". Unter einem Königreich verstehen wir heute meist einen bestimmtes Land. Doch Jesus ging es nicht um einen konkreten Ort, den wir erreichen sollen. Es geht ihm darum, dass Gott seine Herrschaft beginnt, wenn die Menschen ihm in ihrem Leben die Ehre erweisen und seinen Willen tun. Jesus sagte auch, dass die Gottesherrschaft „nahe" ist, aber dass die Menschen dennoch nach ihr suchen müssen. Und wer sie gefunden hat, muss alles dafür aufgeben, damit er sie nicht wieder verliert (Matthäus 13,44-46). Jesus forderte die Menschen auf, sich Gott anzuvertrauen wie ein Kind seinen Eltern (Matthäus 18,3). Diese Botschaft sprach besonders die Menschen an, die von den gebildeten und eifrigen Gläubigen verachtet wurden, weil sie nicht viele fromme Werke vorzuweisen hatten oder nicht täglich in den Heiligen Schriften lesen konnten. Jesu Botschaft machte ihnen Mut, denn auch sie dürfen sich Gott nahe fühlen.

DIE GLEICHNISSE

Die Gleichnisse, die Jesus erzählte, waren Alltagsgeschichten mit tieferer Bedeutung. Manche sind ganz einfach zu verstehen, über andere müssen wir erst ein Weile gründlich nachdenken. Um sie zu verstehen, kommt es darauf an, den „springenden Punkt" der Geschichte zu finden, der Jesus wichtig war. So brachte er seine Hörerinnen und Hörer zum Nachdenken und kam mit ihnen ins Gespräch.

JESUS ALS RABBI

Jesus verstand sich nicht als Lehrmeister, der seinen Schülern einen bestimmten Unterrichtsstoff beibringen wollte. Alles, was er sagte, lebte er seinen Zuhörern auch vor. Er wollte seine Freunde und Anhänger dazu bringen, sich über ihr Leben Gedanken zu machen und es so zu ändern, dass darin Gott den Platz findet, den er verdient. Deshalb war es Jesus wichtig, dass man seinen Worten nicht nur zuhört, sondern sie auch in die Tat umsetzt (Lukas 6,46).

Fernando Gallego,
Segnender Christus,
2. Hälfte 15. Jh.,
Museo del Prado,
Madrid

JESUS UND DAS ALTE TESTAMENT

Für Jesus war das Alte Testament seine Bibel, die ihm heilig war. Er kannte sich gut in den Heiligen Schriften aus und verwendete oft Worte aus dem Gesetz und den Propheten. Aber er war nicht immer damit einverstanden, wie sie von manchen Schriftgelehrten seiner Zeit ausgelegt wurden. Jesus ging es darum, dass die Menschen das Wort Gottes mit dem Herzen aufnehmen und es nicht Buchstabe für Buchstabe abzuarbeiten versuchen.

DIE BOTSCHAFT VON DER AUFERSTEHUNG

Mit der Kreuzigung von Jesus bricht für die Jünger eine Welt zusammen. Sie verkriechen sich voller Angst und bangen um ihr Leben. Allein die Frauen bleiben in der Nähe des toten Jesus und beobachten alles genau. Am dritten Tag nach der Kreuzigung kommen sie vom Grab zurück mit einer unglaublichen Botschaft: „Das Grab ist leer! Jesus ist auferstanden!" Zunächst lachen sie die Jünger aus. Das kann ja nicht wahr sein – oder etwa doch?

Auferstehung Christi, Gemälde von Raffaellino del Colle (1480–1566), Cattedrale di San Giovanni Evangelista, Sansepolcro

DAS BEGRÄBNIS

Im Judentum war es Brauch, einen Toten so schnell wie möglich zu begraben, nachdem er gestorben war. Das galt sogar für hingerichtete Verbrecher, die noch vor Sonnenuntergang beerdigt werden sollten (Deuteronomium 21,11-23). Weil das Berühren eines Toten oder seines Grabes aber unrein machte, war es verboten, einen Verstorbenen innerhalb der Stadtgrenzen zu beerdigen. Deshalb lagen die Friedhöfe außerhalb der Stadt. Arme wurden in Erdgräbern bestattet. Die Beerdigung in einem Felsengrab konnten sich dagegen nur reiche Leute leisten. Sie kauften ein Grundstück und ließen eine Grabkammer in den Felsen hauen. Dann wurde es mit einem Rollstein verschlossen. Am Sabbat waren keine Beerdigungen erlaubt. Deshalb bat der Ratsherr Josef von Arimathäa von Pontius Pilatus die Erlaubnis, Jesus vom Kreuz abnehmen zu dürfen, damit er noch vor dem Sabbatbeginn am Abend begraben werden konnte. Weil dafür nur wenig Zeit blieb, wurden einige Beerdigungsrituale auf die Zeit nach dem Sabbat aufgeschoben (Markus 16,1; Lukas 23,56). Dazu gehörte der Brauch, den Leichnam mit wohlriechenden Ölen zu salben und ihm seinen Sterbekittel und den Gebetsmantel anzuziehen. Dann wurden die Toten auf ein Brett gebettet oder in einen Sarg gelegt. Vor allem bei den Pharisäern war es üblich, ein zweites Begräbnis zu feiern. Ungefähr nach einem Jahr gingen die Angehörigen zum Grab und legten die Knochen des Verstorbenen in einen kleinen Kasten aus Stein, der „Ossarium" genannt wurde.

DAS LEERE GRAB

Trotz einiger Unterschiede berichten alle vier Evanglien, dass die Jüngerinnen Jesu am Sonntag frühmorgens, als es noch dunkel war, zum Grab kamen – und es leer vorfanden (Matthäus 28,1-10; Markus 16,1-8; Lukas 24,1-12; Johannes 20,1-9). Sie konnten sich das Verschwinden des toten Jesus nicht erklären. Im Johannesevangelium wird berichtet, dass sie vermuteten, jemand habe den Leichnam „weggenommen" (Johannes 20, 2-15). Der Gedanke an eine Auferstehung kam ihnen überhaupt gar nicht. Anders als manche Zweifler heutzutage kamen sie auch nicht auf die Idee, Jesus wäre am Kreuz nur ohnmächtig geworden und hätte sich selbst aus der Grabkammer befreit. Schließlich hatten sich die römischen Soldaten davon überzeugt, dass der gekreuzigte Jesus tatsächlich tot war (Johannes 19, 33-34), weil sie sonst nach römischem Recht ihr eigenes Leben verwirkt hätten. Selbst wenn Jesus die Kreuzigung hätte überleben können, wäre er nie dazu in der Lage gewesen, allein von innen den schweren Rollstein wegzurollen, mit dem die Grabkammer verschlossen war. Auch die Jünger hatten keine vernünftige Erklärung für das leere Grab. Deshalb hielten sie die Frauen mit ihrer Botschaft zunächst für hysterisch. Erst allmählich kamen die Jüngerinnen und Jünger zur Besinnung und begriffen: Das Kreuz ist nicht das Ende, sondern die Wende der Welt!

Rekonstrution einer Grabkammeranlage

DIE AUFERSTEHUNG

Unter den Pharisäern war die Vorstellung verbreitet, dass Gott am Ende der Zeit die Toten aus ihren Gräbern auferwecken und über ihr Leben und ihre Taten zu Gericht sitzen wird. Wer vor Gottes Augen als gerecht und fromm bestehen kann, den wird er zum Lohn ins ewige Leben an seine Seite holen, so hofften die Pharisäer. Doch die Auferstehung von Jesus hat mit dieser Vorstellung nichts zu tun, denn sie geschieht nicht am Weltende, sondern schon drei Tage nach seinem Tod. In allen vier Evangelien wird vom leeren Grab berichtet – wie sich die Auferstehung Jesu allerdings tatsächlich zugetragen hat, ist nirgends gesagt. Deshalb bleibt sie ein tiefes Geheimnis und lässt sich nicht historisch hieb- und stichfest beweisen. Sicher ist aber, dass die verängstigten und verzweifelten Jüngerinnen und Jünger plötzlich neue Hoffnung schöpfen. Sie geben voller Begeisterung weiter, was sie erlebt haben: Gott hat gehandelt und Jesus vom Tod auferweckt. Ihr Herr und Lehrer ist zu ihnen zurückgekommen, der Glaube an Jesus war kein Irrtum. Das ist der Kern der Osterbotschaft. Die Jüngerinnen und Jünger bekennen sich wieder zu Jesus und geben seine Botschaft weiter – so, dass wir sie heute noch hören.

REGISTER

DIE BÜCHER DER BIBEL

Die fünf Bücher Mose —
hebräisch: Tora (Weisung) -
griechisch: Pentateuch (Fünfbuch)

Gen	Das Buch Genesis (1 Mose)
Ex	Das Buch Exodus (2 Mose)
Lev	Das Buch Leviticus (3 Mose)
Num	Das Buch Numeri (4 Mose)
Dtn	Das Buch Deuteronomium (5 Mose)

Die Bücher der Geschichte des Volkes Gottes

Jos	Das Buch Josua
Ri	Das Buch Richter
Rut	Das Buch Rut
1 Sam	Das erste Buch Samuel
2 Sam	Das zweite Buch Samuel
1 Kön	Das erste Buch der Könige
2 Kön	Das zweite Buch der Könige
1 Chr	Das erste Buch der Chronik
2 Chr	Das zweite Buch der Chronik
Esr	Das Buch Esra
Neh	Das Buch Nehemia
Tob	Das Buch Tobit (Das Buch Tobias)
Jdt	Das Buch Judit
Est	Das Buch Ester
1 Makk	Das erste Buch der Makkabäer
2 Makk	Das zweite Buch der Makkabäer

Die Bücher der Lehrweisheit und der Psalmen

Ijob	Das Buch Ijob
Ps	Die Psalmen
Spr	Das Buch der Sprichwörter
Koh	Das Buch Kohelet
Hld	Das Hohe Lied
Weish	Das Buch der Weisheit
Sir	Das Buch Jesus Sirach

Die Bücher der Propheten

Jes	Das Buch Jesaja (Der Prophet Jesaja)*
Jer	Das Buch Jeremia
Klgl	Die Klagelieder
Bar	Das Buch Baruch
Es	Das Buch Ezechiel (Hesekiel)
Dan	Das Buch Daniel
Hos	Das Buch Hosea
Joel	Das Buch Joel
Am	Das Buch Amos
Obd	Das Buch Obadja
Jona	Das Buch Jona
Mi	Das Buch Micha
Nah	Das Buch Nahum
Hab	Das Buch Habakuk
Zef	Das Buch Zefanja
Hag	Das Buch Haggai
Sach	Das Buch Sacharja
Mal	Das Buch Maleachi

Die deuterokanonischen (evangelisch: apokryphen) Bücher sind in grauer Schrift dargestellt. Sie sind weder in den jüdischen noch in den evangelischen Kanon aufgenommen worden. In Klammern finden sich die Bezeichnungen in der evangelischen Bibel.
*Bei allen Prophetenbüchern steht bei Luther „Prophet" statt „Buch".

BILDNACHWEIS

www.bibelwerk.de

ISBN 978-3-460-30221-1

Textzusammenstellung und Redaktion:
Karin Jeromin, Pfullingen, unter Verwendung von Texten aus:
Christoph Dohmen (Hrsg.), Das große Sachbuch zur Welt und
Umwelt der Bibel, © Verlag Katholisches Bibelwerk GmbH,
Stuttgart 1995 und Beatrix Moos, Die Bibel für Kinder entdeckt,
© Verlag Katholisches Bibelwerk GmbH, Stuttgart 2008.

Gesamtgestaltung: www.anna-katharina-stahl.de

Druck in Europa